列夫·托尔斯泰传

郝志刚◎著

时代文艺出版社

图书在版编目（CIP）数据

列夫·托尔斯泰传/郝志刚著. —长春：时代文艺出版社，2016.4（2023.7重印）

ISBN 978-7-5387-5131-4

Ⅰ.①列… Ⅱ.①郝… Ⅲ.①托尔斯泰，L.N.（1828～1910）－传记 Ⅳ.①K835.125.6

中国版本图书馆CIP数据核字（2016）第001700号

出 品 人　陈　琛
责任编辑　徐　薇
装帧设计　孙　利
排版制作　隋淑凤

本书著作权、版式和装帧设计受国际版权公约和中华人民共和国著作权法保护
本书所有文字、图片和示意图等专有使用权为时代文艺出版社所有
未事先获得时代文艺出版社许可
本书的任何部分不得以图表、电子、影印、缩拍、录音和其他任何手段
进行复制和转载，违者必究

列夫·托尔斯泰传

郝志刚 著

出版发行/时代文艺出版社
地址/长春市福祉大路5788号　龙腾国际大厦A座15层　邮编/130118
总编办/0431-81629751　发行部/0431-81629755
官方微博/weibo.com/tlapress　天猫旗舰店/sdwycbsgf.tmall.com
印刷/北京市一鑫印务有限公司
开本/710mm×1000mm　1/16　字数/144千字　印张/12
版次/2016年4月第1版　印次/2023年7月第3次印刷　定价/36.00元

图书如有印装错误　请寄回印厂调换

目录 Contents

序言　俄国文学领军人 / 001

第一章　无忧的岁月
  1. 出身贵胄 / 002
  2. 童年点滴 / 007
  3. 邂逅莫斯科 / 014

第二章　跌宕中成长
  1. 沉寂的生活 / 020
  2. 短暂的大学生涯 / 025
  3. 青年时代的徘徊 / 030
  4. 初露锋芒 / 034

第三章　崭新的生活
  1. 戎马倥偬 / 042
  2. 个人恩怨和人生态度 / 047
  3. 探索 / 051

第四章　走向成熟
  1. 自己的路 / 058

2. 游历 / 063
3. 新的事业 / 068

第五章 转折时期
1. 第二次出国 / 076
2. 游历归来和做调解人 / 082
3. 与屠格涅夫绝交 / 087
4. 遭到搜查 / 091

第六章 创作的井喷时期
1. 婚姻大事 / 098
2. 鸿篇巨著 / 106
3. 孜孜不倦 / 112
4. 写作《安娜·卡列尼娜》 / 117

第七章 辉煌中的反思
1. 思索人生哲理 / 124
2. 夫妻关系紧张 / 131
3. 信仰和现实 / 136
4. 完成《复活》 / 141

第八章 人生的余晖
1. 悲天悯人的大情怀 / 148
2. 直面现实 / 153
3. 晚年生活的苦与乐 / 159
4. 与世长辞 / 164

附 录
列夫·托尔斯泰生平 / 172
列夫·托尔斯泰年表 / 175

序言

俄国文学领军人

一个作家,他最高的成就不是获得文学上的某些奖项,也不是他在世的时候赚到多少稿费,而是他的作品过了许多年,甚至一个世纪后,在人们心目中的分量如何。

托尔斯泰——俄国文学领军人物,他的一生,跌宕起伏。走近托尔斯泰,我们会惊叹,他的一生在很多方面都散发着光芒。

从一个教育家的角度来说,他组织办学,不遗余力。

从一个文学家的角度来说,他的作品无论是数量还是质量都首屈一指。

从一个社会活动家的角度,他几次上书沙皇和政府,用尽自己毕生的精力为人民的利益奔波着。

从一个军人的角度来说,他征战四方,几次险些为国牺牲。

在彼得堡和莫斯科,他度过了自己的荒唐时光。他沾染了上流社会的习气,他走进了作家的群体之中。他是一个异类,每天他或者是和人争吵不休,或者是惶惶不可终日思考着自己的人生。

那段日子告诉他,生活的苦恼和物质没有关系,只有按照心灵的轨迹活着才能得到幸福。

在高加索,他征战四方。他在战火硝烟中写作,他的文字带着战争的气息。他的思想,在马背上形成。这期间,他看到的和听到的对他一生的创作都有着特别的价值。也正因为他曾经是一个军人,他才有着宁折不弯的性格。

在亚斯纳亚,他开始了属于自己真正的生活。经过努力,付出了真诚,他得到了当地农民的爱戴,他和自己的阶级和身份逐渐脱轨。

在亚斯纳亚的春天里,他的理想和信念随着花朵的开放而萌发;在亚斯纳亚的夏天,他一片赤诚之心终于让他找到了心灵的归属;在亚斯纳亚的秋风中,他不再年轻,他的思想却越来越深刻。

他的一生,从一个地方辗转到另外一个地方;他的一生,从一个思想高度飞跃到另一个思想高度;他的一生,可谓是马不停蹄。

在他八十多年的生命里,他用自己的努力加倍地补回来自己浪费的日子。我们今天审视他的一生,他何曾浪费了什么日子?他所谓的浪费,不过是一个普通人应该经历的过程。何况,这些过程都已经融合进了他的字里行间了!

阅读这样一位作家,描写他的一生,感觉那笔端时时刻刻都是在时代的脉搏上游走着。他的智慧、勤奋和敏锐无不令人惊叹。他不是一个生来的天才,可是他的成就让天才也望尘莫及。

他的一生，影响了很多人。说到朋友，他和屠格涅夫的友谊贯穿一生。说到追随者，即便是高尔基那样的文学大师也对他无比崇拜。说到地位，他被列宁称为"俄国文学的镜子"。

在他活着的时候，他的追随者遍布世界各地。除了文学领域的，不乏心理学、哲学、经济学等领域的。在他去世之后，直到今天，世界各地的人都会来到亚斯纳亚来瞻仰他。

可是，他的一生又是孤单的。他孤单地前行，就连他的枕边人也不能理解他的所有思想。或许，作家的心里必然要存在着一种伟大的孤独感。

走近托尔斯泰，便是走近一个描写人类灵魂的大师；走近托尔斯泰，其实就是走近我们自己。

第一章 无忧的岁月

1. 出身贵胄

　　1828年9月9日（俄历8月28日），列夫·尼古拉耶维奇·托尔斯泰出生于亚斯纳亚·波利亚纳。亚斯纳亚位于俄罗斯图拉市西南12公里处，它的中文释义是"空旷的林间空地"。现在，这里已经不再"空旷"，在托尔斯泰逝世之后亚斯纳亚成立了博物馆，并由托尔斯泰的后人管理着。

　　一百多年过去了，世界各地来这里寻找托尔斯泰影子的人们络绎不绝。对于他们来说，这块土地已经不再是当初那个空旷的村庄，而是走近托尔斯泰的必经之路！与此同时，一个古老的家族，因为孕育了这位文学巨擘而被粘贴在绵延的世界文学长廊中！

　　托尔斯泰家族的谱系可以追溯到16世纪，他的先祖彼得·安德烈耶奇·托尔斯泰在彼得一世的时候就已经获封爵位。之后，这位先祖曾经显赫一时。彼得大帝死后，叶卡捷琳娜继位，他依旧受到重用。托尔斯泰家族显赫一时，在彼得堡和莫斯科有两处巨大的庄园，几块领地上共有1695户农奴为他们劳动。

　　直到后来，叶卡捷琳娜病危期间，彼得·安德烈耶奇·托尔斯泰卷入政变，被永久监禁在索洛韦茨修道院。托尔斯泰在1870年之后的10年时间曾经酝酿写一本关于彼得大帝时期的小说，对这位名噪一时的远祖非常感兴趣。

　　此外，托尔斯泰家族在很多领域诞生过杰出人物，其中的文学家和政治家都名声显赫，由某出版社编订的《俄罗斯名人传记辞典》中，托尔斯泰家族共有接近四十位人物入选。

托尔斯泰的祖父伊利亚出生于1757年7月20日，这位托尔斯泰家族的公子哥可能是托尔斯泰家族里不常被人提起的一位。他没有精忠报国的情怀，也没有加官晋爵的野心。

在托尔斯泰后来的回忆中，他说他这位祖父每天过着快活奢靡的生活。他目光短浅，是舞会和宴会里的常客，最终把家里的田产挥霍一空。后来，他迫于生计不得不谋求喀山省长的职位。任职期间，因为管理不善，导致该地区贪污成风。

在亚历山大一世决定免去他职务的圣旨到达前两天，他自动辞去了省长的职位。不到一个月，他就病逝了。

在漫长的托尔斯泰家族史中，伊利亚没有为家族带来任何荣耀，也许他这辈子最成功的事情就是做了列夫·托尔斯泰的祖父。

伊利亚有两个儿子和两个女儿，托尔斯泰的父亲尼古拉是他的长子。尼古拉出生于1794年6月26日，托尔斯泰的祖父希望尼古拉早日踏上仕途，在他6岁的时候就给他挂名当官。

1810年尼古拉被授予文官军衔。但是，年轻的尼古拉有自己的想法，他不顾父母的反对，放弃了文职工作去参军。

1812年，尼古拉出国远征，经历一年的戎马倥偬岁月以后，他觉得战争不过是残杀人的游戏，他不再想做维护政治统治的刽子手。当时的尼古拉只是想回家之后，娶妻生子过平平淡淡的生活。然而，这一切要等到国家允许他退伍才能够实现。1819年，他终于以中校军衔因病退伍。

可是造化弄人，想要尽享天伦之乐的尼古拉退伍之后第二年父亲伊利亚去世了，父亲没有为他留下一点财产，反而欠下了巨额债务。当时的尼古拉只有26岁，除了要偿还父亲的债务外，还要养活妈妈、妹妹以及一些亲戚。1822年他选择与比他大了4岁的玛利亚公爵小姐结婚,她就是托尔斯泰的母亲。

托尔斯泰的外祖父家也是名门贵胄,他后来回忆外祖父的时候这样说:"他是一个严肃的人,但是他从不苛待农民。"

从这段评价中,可以很容易地看出托尔斯泰非常欣赏自己的这位外祖父——沃尔孔斯基。

纵观托尔斯泰的一生,外祖父的为人给他留下极深的影响。后来托尔斯泰善待农奴,和托尔斯泰外祖父的言传身教有很大关系。

无论是祖父家还是外祖父家,都是响当当的贵族家庭。但是,如果这两个显赫家族结合诞生的结晶不是托尔斯泰的话,之前提到的每一个人物都将在历史中销声匿迹。

幸运的是,托尔斯泰把这两个家族永远地留在了我们的视线中,一个伟大的人物,尤其是一个作品流芳百世的文学家,与他有关的家族故事一定会被一代又一代人传下去,并且愈来愈有传奇色彩!

托尔斯泰的母亲玛利亚公爵小姐1790年11月10日出生,她2岁的时候母亲就去世了。作为沃尔孔斯基的独生女,公爵对她的教育格外重视。在他退休之后,亲自教她地理学、政治、天文学方面的知识。

另外,玛利亚小姐精通法语、德语、英语和意大利语。尽管学识渊博,但是玛利亚小姐并非貌美如花。长期待字闺中的她,在1822年和尼古拉结婚的时候父亲沃尔孔斯基公爵已经去世一年多了。

虽然当时和玛利亚结婚是为了偿还父亲欠下的债务,但是托尔斯泰的父母婚后感情很好,婚后不久,他们搬进了沃尔孔斯基家的庄园亚斯纳亚。令人遗憾的是,托尔斯泰2岁的时候,母亲就去世了。

在小托尔斯泰的记忆里，母亲的形象很模糊。但是，父亲尼古拉曾经多次和托尔斯泰描述他的母亲，后来托尔斯泰就父母的婚姻得出过这样的结论："在农民家庭里，背着男女说媒办成的婚事，非常奇怪地比恋爱婚姻来得幸福，这可能是受到当时社会环境的影响。"

尼古拉和玛利亚一共有5个孩子，托尔斯泰是老四。令托尔斯泰最尊敬的是大他5岁的大哥尼古拉，对二哥谢尔盖则是钦佩和赞赏。父亲的5个孩子，二哥有着漂亮的外貌，对音乐和绘画都有着浓厚的兴趣。托尔斯泰十分赞赏谢尔盖，一度模仿二哥，希望成为和他一样的人。托尔斯泰后来也多次提到过，大哥具有敏锐的洞察力和艺术鉴赏力，并且还有着异乎寻常的想象力。

三哥米佳只比托尔斯泰大一岁，此外托尔斯泰还有一个妹妹，叫玛利亚。

托尔斯泰生活在这样一个大家庭里，他身上有外祖父的正直、父亲的稳重，就连祖父的某些性格也在托尔斯泰混迹上流社会的那段时间影响着他。

所以，在这个古老的家族，诞生这样一位文学大师绝非偶然。今天，人们心中的托尔斯泰代表的已经不是他一个人，而是几代人智慧孕育而成的才子。

托尔斯泰的四女儿亚历山德拉（萨莎）在《父亲》一书中写道："据说这位老伯爵人格伟大，心胸开阔，能容人所不能容，托尔斯泰也继承了他祖父的人格，在他成熟以后，很少拒绝别人。"她还在书中写道："毫无疑问，托尔斯泰外祖父才是真正的贵族，内在气质上的贵族。心中拥有高贵而坚定的信念，和蔑视权贵的正当的自尊心。"

比起西方一些名噪一时的大作家，托尔斯泰算得上出身高贵。高尔基、杰克·伦敦等一批作家都出生在贫民窟中。

可是，托尔斯泰对下层人民的关心比起这些出身贫穷的作家有过之而无不及。最为难得的是托尔斯泰能够真正地用心灵去接近下层农奴的生活，能够将自己所拥有的拱手送给那些更为需要的人，这在托尔斯泰这种出身的人群中是极为罕见的。归根结底，托尔斯泰不仅拥有高贵的出身，同样也拥有着高贵的灵魂。

一个灵魂高贵的人，才会俯身去关心那些饱受疾苦的劳苦大众。今天，我们之所以说托尔斯泰伟大，是因为他的传奇一生，代表着俄国一个阶层的觉醒，正因为如此他才被称为"俄国文学的镜子"。

一个人，不能选择自己的出身，但是可以选择自己所走的道路，一个人选择的道路则是他人生观和价值观各个方面的体现。出生在这样一个显赫家族的托尔斯泰，在童年时代接受了良好的教育，深受两个优秀家族的深刻影响，成为俄国伟大的文学家。

然而，童年时代的托尔斯泰甚至托尔斯泰的家族根本不会想到，这个家族之所以被后人视为传奇，不是因为他的先祖的战功累累，也不是因为他外祖父和保罗一世曾经两次针锋相对。而是因为，他们的后辈用深刻的笔调触及了俄国乃至世界人民的敏感神经。他属于亚斯纳亚，属于俄国，同样属于悠久的世界文学历史。

2. 童年点滴

列夫·托尔斯泰的母亲玛利亚于1828年生下他，两年之后，也就是在托尔斯泰只有一岁半的时候，就去世了。托尔斯泰的母亲多愁善感，非常富有艺术情趣，结婚之后虽然忙于照顾孩子，但是她依旧喜欢幻想，行事浪漫。她曾经写过两首诗，都是歌颂丈夫尼古拉对她的爱的。

或许，我们可以相信，托尔斯泰非凡的艺术才能和超乎常人的想象力有母亲的遗传因素。母亲的早逝，让托尔斯泰对她的印象十分模糊。

托尔斯泰曾经这样描写自己的母亲："她有一双有神的眼睛，总是闪烁着善良的光芒，在我的一生中，我总是不停回忆她，是那么高尚纯洁，简直像神灵一般，因此我的一生中，当我同诱惑我的东西做斗争时，我总是向她的灵魂祈祷，请求她给我帮助，而这种祈祷经常是见效的。"

母亲的早逝，让这位伟大的作家无法用具体的语言描述这样一位给予他生命的人，可是读者能够从托尔斯泰的字里行间看出，这位母亲并没有因为她的早逝而在孩子的心中一片空白。

母亲的去世没有让托尔斯泰的童年缺失，这主要由于父亲的教育和塔吉扬娜姑妈的照顾。父亲在他小的时候在亚斯纳亚担任改善财政的工作，他不像祖父那样每天享乐生活，混迹在上流社会的舞会中，相反，他生活十分勤俭。

对当时的尼古拉来说，偿还父亲留下的巨额债务是最要紧的事情，他先后卖掉父母的房产用来偿还父亲的债务。可以说，恢复托尔斯泰家族原来的盛况，托尔斯泰的父亲尼古拉是首屈一指的功臣。

对于文学和绘画，尼古拉也有很深的造诣。和那些有钱人买来书作为炫耀不同，尼古拉不看完上一本书，绝对不买下一本书。就算是这样，托尔斯泰家的书房里几乎摆满了法国古典文学、俄国文学、历史和科技等方面的书籍。尼古拉喜欢传记和诗歌，托尔斯泰小的时候，尼古拉常常给他讲述书中的故事。

尼古拉偏爱普希金的作品，他常常让孩子们和他一起朗读。有一次，父亲朗读了普希金的《致大海》，小托尔斯泰仿佛被诗中的情景感染了，他当着全家人的面朗读了这首脍炙人口的诗歌。父亲用赞许的目光看着自己的小儿子，那个时候的托尔斯泰非常有成就感。

他常常想：要是我能写出这样的诗篇该有多好！对于文学最初的敏感，像是一颗小小的种子一样种在了托尔斯泰的头脑中，这颗种子随着他的经历逐渐饱满、发芽，最后长成让世人敬仰的参天大树，父亲的功劳是不可磨灭的。

除了文学之外，尼古拉还酷爱绘画。他经常给孩子们画一些传说中的"火鸟"，还给孩子们画从来没有见过的海上冒着烟的汽船以及莫斯科的都市生活写实。

在孩子们的眼中，尼古拉为人和蔼，待人宽厚，还是一位任何人都比不上的画家。有这样一位父亲，让托尔斯泰在一个具有浓厚文学艺术氛围的富足家庭里长大，他受着文学、绘画、音乐等各方面艺术的熏陶，这为以后他厚重的文学素养奠定了扎实的基础。

另外一个伴随托尔斯泰成长的重要人物就是塔吉扬娜姑妈，她的全名叫作塔吉扬娜·亚历山大罗夫娜·叶尔戈利斯卡娅，在托尔斯泰从幼年到成年的过程中她部分地承担了母亲的责任。

对于托尔斯泰来说，塔吉扬娜姑妈对于他的影响仅次于他的父母。这个头发粗硬、乌黑、带着卷曲的女人，拥有着玛瑙般黑亮的眼睛，充满着生机和活力。

塔吉扬娜为人刚直不阿，有正义感，有勇气。她和托尔斯泰的父亲尼古拉同岁，并且深深地爱着尼古拉，尼古拉也深深地爱着她，两个人因为贫穷最后错过了对方。

当尼古拉娶了玛利亚以后，塔吉扬娜曾写下过这样一段文字："有些创伤永远不会痊愈。我指的并非我童年时代饱经的悲伤。使我悲痛万分、心如刀绞的是失去了'尼'。直到现在我才真正明白，我对他多么情意绵绵。"

为了托尔斯泰家的孩子们，塔吉扬娜姑妈牺牲了自己一生的幸福。托尔斯泰的母亲玛利亚去世几年后，尼古拉曾经向塔吉扬娜求过婚，可是被拒绝了，因为塔吉扬娜姑妈不想破坏她和孩子们之间纯洁而高尚的关系。

爱情对于女人来说往往意味着一切，但是当孩子出现在面前的时候，母性有时候却能战胜爱情。孩子，而且是5个可爱的孩子，在这时的地位显然更重要。塔吉扬娜姑妈为了维护双方之间已经建立起来的亲密关系，决定牺牲自己的爱情。在小不点儿们看来，这根本没有什么了不起。直到托尔斯泰成年以后，他才逐渐意识到这种精神是多么可贵。在一本书中，托尔斯泰借助一个虚构的人物的口说出了自己的话："她是一位果敢、坚定、精力充沛、富有自我牺牲精神，且具有崇高道德品质的女人。牺牲自我的精神，从来是罕见的，而在她的身上，却能清晰地感受到。"

托尔斯泰长大成人后，仍然记得许多细节。有一天，外面下着大雪，空气格外寒冷，倍感孤独的他攥着塔吉扬娜的手，姑姑亲切地抚爱着他的小脑袋，他回忆说："我感激而亲切地抓起她的手吻她，并且开始哭泣，我哭泣并不是因为我感觉孤独，而是因为温暖。"

在童年时代某个漫长的冬夜，他依偎在塔吉扬娜姑妈身边，听她讲述长久以来一直在俄罗斯流传着的传说和故事，感受着令人喜悦的气氛，在书中，他借作品中的一个小男孩之口表明当时的自己："我想，我之所以能有今天的成就，完全取决于当时感受到的爱，这种爱让我知道，世界并不只是昏暗的，它有阳光的一面。我的头脑和对世界的认识正在此时形成，显然受益于这些夜晚谈话。"塔吉扬娜姑妈教会了托尔斯泰宁静孤独生活的乐趣，这在他成年以后对生活的选择上起了重大作用。

一天，大哥给托尔斯泰讲了蚂蚁兄弟和吹牛山的故事，童年时的托尔斯泰对这两个故事留下了深刻的印象。

后来托尔斯泰回忆道："当时，我已经5岁。有一天，大哥尼古拉忽然很神秘地把我们召集起来，悄悄地告诉我们：他发现了一个秘诀，向我们宣布，利用这个秘诀，所有人都将成为幸福的人。不再有什么疾病，不再有不幸福的事情，也不再有任何不愉快的事情。"

对于童年时代的托尔斯泰，这个故事是十分神秘的。怎样才能让所有人不再遇到任何不幸，永远也不争吵，永远都幸福呢？

托尔斯泰从别人那里得知，奥秘写在一根小绿棒上面，小绿棒被上帝埋在老扎卡兹边的路旁。人类如果想要像蚂蚁兄弟那样相亲相爱，不但要自己拥有广袤的田园和宽敞的豪宅，还要全天下人民都这样。在小托尔斯泰心中根植了这个美好的愿望，他的一生都在寻找着让普天下人民都幸福的小绿棒。

托尔斯泰相信这一真理永存，消灭人间一切罪恶、赐予人们幸福的小绿棒让这个出生在亚斯纳亚的小男孩一生笔耕不辍。

幼年时期的托尔斯泰同样是一个感情丰富的人，那时候的他就像是快乐的小马驹肆意地奔跑在亚斯纳亚纯净的天地之间。每每遇到挫折的时候，虽然伤心，却从来不哭。反而是每当塔吉扬娜姑妈爱抚他的时候，他总是会感动得流泪。他的神经是那样的纤细，而且拥有一颗容易感动的心。人们给他起外号叫作"哭孩子"。同样，他也喜欢搞一些不同凡响的事情，常常让人大跌眼镜。

每一个人在孩提时代都幻想过自己根本办不到的事情，托尔斯泰也不例外。和别人不同的是，别人总是在想，而他却做了。尽管做出来的事情会让大人们感到愚蠢和哭笑不得，可是这同样证明了我们这位伟大的作家是一个彻头彻尾的行动派。

在他只有七八岁的时候，他就渴望飞翔，看着天空中的鸟儿以伶俐的姿势在苍穹中舞蹈，这让托尔斯泰羡慕不已。在他以为自己已经掌握了飞翔要领的时候，就决定尝试，并且没有把这个小秘密告诉任何一个人。他以为，只要双手抱住膝盖纵身一跃就能飞起来！

一天，在大家都去吃饭的时候，小托尔斯泰悄悄地爬上顶楼的窗户，勇敢地朝着院子飞过去！等他再醒来的时候，已经躺在了床上。根据托尔斯泰回忆，那时候他足足昏迷了十多个小时。

父亲和塔吉扬娜姑妈吓坏了，两个人守在床边等待着他醒来。可是当时的他并不知道，醒来的时候他还说："我想像小鸟一样飞翔，可是……"父亲长叹一口气说："清楚了，是他自己跳下去的。"塔吉扬娜姑妈亲了一下他的额头说："孩子，你把姑妈吓坏了，以后千万不要干这样的傻事！"

小托尔斯泰缩在姑妈的怀里说："姑妈，我写了一篇作文，叫作《鹰》。"父亲被托尔斯泰的勇敢感动了，摸着他的头说："你是爸爸心中的小鹰！"全家人因为托尔斯泰的"飞翔"事件捏了一把汗，作为读者，我们应该感谢托尔斯泰家的窗户不是很高，否则，伟大的《复活》和《战争与和平》将在亚斯纳亚古老的窗子里消失……

转眼间，托尔斯泰的哥哥们都长大了，他们陆续开始学习骑马，这让托尔斯泰羡慕不已。

终于，他不顾父亲和哥哥们的劝告，执意要学习骑马。对于他来说，能骑着马儿奔跑在亚斯纳亚的广阔天地里，实在是一件有诱惑力的事情。虽然第一次学习骑马就跌下来了，但是之后托尔斯泰进步很快。

一天，当哥哥们轮流骑过一匹老马之后，托尔斯泰还要去骑，管理马驹的农奴上前拦住托尔斯泰。这让托尔斯泰很恼火，他声色俱厉地对农奴大吼，坚持骑上了那匹老马。老马已经累得不能动弹了，托尔斯泰就用皮鞭疯狂地抽打它。这时候，管家走过来说："你看它已经这么疲倦了，就不能可怜可怜这匹老马吗？"

听了管家的话，托尔斯泰愧疚不已，他立刻下马，在父亲的注视下向那匹老马道歉，向农奴道歉。从那之后，托尔斯泰再也没有虐待过马，也没有因为自己的利益呵斥过农奴。

托尔斯泰之所以伟大，是让人们觉得他是那样亲和，仿佛就在人们身边。和一般人的童年一样，他坚信一个对自己印象至深，同样做过愚蠢的事情，同样犯过错，甚至同样自卑过。

小的时候，他曾经失望地想，自己这样扁平的鼻子、厚嘴唇和灰色小眼睛的人，在这个世界上很难得到幸福。他因为自己的长相而自卑，祈求上帝，为了一个好看的面庞，他宁愿付出所有。开始上学之后，他的功课比不上几位哥哥们。

辅导过他们的家庭教师这样说："尼古拉敢想又敢做，谢尔盖敢想不敢做，列夫既不敢想也不敢做。"

托尔斯泰对于自己的哥哥，生动地描述说："三哥米佳和我是好朋友的关系，大哥尼古拉值得我们尊敬，二哥谢尔盖令人很是钦佩。所以，二哥是我们模仿的榜样，我们想成为像他一样的人。他俊朗的相貌让人钦羡，他的性格也很开朗，还有他的歌喉和绘画，都是很出色的。他是个利己主义者，但是毫不隐藏的，这一点也很让人欣赏。"

"别人对我本人产生的看法，总是存在我的脑海里，我时常把这些看法翻出来，加以琢磨，思考这些看法正确与否，我的生活乐趣因此而丧失。或许也是因为这个，我才会格外喜欢赤裸裸的利己主义。对于大哥尼古拉，和他在一起谈话并思考，是一种美妙的享受；对于二哥谢尔盖，除了尽力加以模仿便没有别的什么了。"

托尔斯泰的幼年时期，是和亚斯纳亚连在一起的，他快乐，他无忧，他总是做一些普通孩子做的事情。正因为这样，这个伟大的人物才多了很多人情味，人们从他的故事中获得感动，受到鼓舞。不是每一个不朽人物的成长历史都能给后人带来实际借鉴的东西。而托尔斯泰的可贵之处并非全是因为他非凡的文学才能，我们能从他的故事中看见自己的影子。

小绿棒的故事代表着美好的梦想，飞翔的故事是生命第一次痛并快乐的尝试，虐马的小事让他第一次知道，应该怎样让小绿棒的梦想成为现实。他快乐的时候像是小马驹，他勇敢的时候正如自己最初笔下的鹰，他犯错的时候则唤起了每个人童年的点滴。在亚斯纳亚蔚蓝的天空下，托尔斯泰健康地长大了，他自卑过，快乐过，勇敢过，正是这样，他在世人眼里才变得亲近和有血有肉。

3. 邂逅莫斯科

　　1836年秋天是罕见的寒冷的秋天，列夫·托尔斯泰的父亲尼古拉为了孩子们的学业，举家迁往莫斯科。搬家当天，托尔斯泰家动用了7辆马车。当离别到来的时刻，小托尔斯泰也敏感地感觉到悲伤的情绪，落了几滴眼泪。

　　从亚斯纳亚到莫斯科一共161公里，马车浩浩荡荡走了4天。他们一路向北，对于孩子们来说，这可是他们第一次出远门。几个孩子轮流和祖母还有父亲坐在一起，初次离开农村的小列夫看着崭新的世界，产生了许许多多的想法。用托尔斯泰的话来说，这次旅行是他精神上转变的开始。后来他这样写道：

　　"我想把我的这次旅行当成少年时代的开始。在我的头脑中意识到，这个世界不仅有我们一家，不是一切福利都归我们所有。人们还有另外一种生活，这些人和我们毫无共同之处，他们甚至一点儿也不知道世界上还存在着我们这些人，我们对于他们来说完全是一种陌生的族群。当然，我先前也曾经对此有一些了解，但那些了解无疑是肤浅和苍白的，因为在我的身边就有这种人的存在，但是由于太过熟悉，我并没有将他们与我们当成两种截然不同的人来看待。"

从亚斯纳亚到莫斯科这条对于一个8岁孩子足够长的路上，奔跑的不只是托尔斯泰家的马，还有他们的四儿子敏感的神经。托尔斯泰看着路上疾驰的风景和应接不暇的新景象，还没有意识到新的生活已经开始了。

从此他的生活拥有了和先前迥然不同的轨迹。这个时候，他还有太多的东西不懂，封闭美好的世界一旦被打开，人的思维也瞬间被无限地延伸。从这个时候开始，托尔斯泰所经历的，直接使他成为一个思想丰富的人。

"我忽然看到一辆邮车迎面驶来，马车在我面前一晃而过。这个时刻虽然非常短暂，但是在我的脑海里留下了永不磨灭的印象。我忽然想到：人生都是偶然地相遇，在一瞬间之后，人与人之间也许就将再无见面之日，但这些我当时还只是模糊的印象，直到许多年以后，当我再次回想这件事的时候，我才充分体会到它的价值……"

马车在大路上奔驰了4天，终于，莫斯科向他们招手了。对于托尔斯泰来说，莫斯科是神秘的，在他的头脑中曾经无数次地幻想过莫斯科。等到他真正来到莫斯科的时候，他终于知道莫斯科不再是父亲画在纸上的简单画作，而是一座和一个国家悠远历史息息相关的古老城市。

托尔斯泰一家住进了莫斯科一座宽敞明亮的住宅之中，和在亚斯纳亚的时候没有什么区别。他们家仍然养马，仍然有许多仆人服侍他们。

大哥尼古拉已经准备考大学了，托尔斯泰功课不好，但是对周围的事物有着浓厚的兴趣。对于他来说，莫斯科太大、太陌生了，他最高兴的事情就是和德国家庭教师手拉手一起在街上走，一起去看莫斯科宏伟的建筑和熙熙攘攘的人群。对着这一幢幢古老的建筑，他的内心涌起无法用言语表达的感慨，其中最让他震撼的是克里姆林宫。

初到莫斯科的岁月，托尔斯泰是幸福的，父亲依然常常给他画画唱歌，塔吉扬娜姑妈一如既往地爱着他们。

然而，好景不长，托尔斯泰的父亲尼古拉·伊里奇买了捷米亚舍夫一座庄园皮罗戈沃。这件事情引起捷米亚舍夫妹妹卡利亚余的激烈反对。原因是捷米亚舍夫的妹妹是这家庄园的法定继承人，当时捷米亚舍夫已经患有瘫痪症，失去了行动能力。

从法律上讲，一旦捷米亚舍夫去世，这座庄园应当由妹妹卡利亚余继承。显然，捷米亚舍夫不愿意把庄园让给妹妹，他希望卖了庄园然后把钱分给自己的子女。妹妹卡利亚余不甘心失败，在当地大肆活动，希望把庄园从尼古拉的手中夺回来。

可是，当时尼古拉并不知道捷米亚舍夫和他妹妹之间的纠纷。卡利亚余率先赶到莫斯科，到军人总督戈利岑公爵那里告了托尔斯泰的父亲尼古拉一状。她说托尔斯泰的父亲趁着捷米亚舍夫重病期间骗得庄园，还举报尼古拉欠了40万卢布的外债，根本拿不出契约中规定的17.4万卢布的现款来。因此，这笔买卖就是非法的。

1837年6月，卡利亚余又采取新的措施对付尼古拉，并且到处散播托尔斯泰家的谣言。6月19日，托尔斯泰的父亲带着文件，在两个仆人的陪同下，匆忙地从莫斯科出发赶到图拉省，仅仅用了一天的时间，他们就赶了161俄里的路。马车不分昼夜地奔跑，6月21日上午，在距离捷米亚舍夫只有几十步远的地方，尼古拉就昏倒了。

家人马上联系了两个医生,其中一个是军队的军医,医术高超,为人热情。当军医匆匆赶到出事地点的时候,只见尼古拉已经开始出现昏迷的现象。军医对他实施了全力抢救,但是一切都已经无济于事,警察随后赶来,对死亡日期、地点和人名做了登记备案。当警察询问病人死亡原因时,军医肯定地说尼古拉死于脑溢血,据托尔斯泰的家人说尼古拉很早就有咯血现象,加上赶路匆忙,重新使病情加重了。肺部和大脑严重充血,致使血压升高,最终导致了死亡。

对于尼古拉的死,还有另一种说法:是随行的两个仆人投毒所致,他们怀疑托尔斯泰的父亲随身携带的钱款和文件丢失和这件事情有关系。最终,钱款没有找到,文件过了一段时间之后被一个神秘的女乞丐送了回来。不过,投毒的证据显然不足,最终事情不了了之。

尼古拉的去世让托尔斯泰家族悲恸不已,也让托尔斯泰的无忧岁月戛然而止!那个时候,托尔斯泰只有9岁。

后来在回忆录中他这样描写自己的父亲:"我的父亲中等身材,因为喜欢体育运动和打猎,身材相当健壮。他性格活泼,不过他的眼神不时流露出忧伤,这一点让我相当奇怪。在我的记忆中,他出现最多的场景是带着猎犬打猎。"

可是,父亲的去世,对他来说是刻骨铭心的。

那时候,只有9岁的托尔斯泰一直在街上徘徊着,他希望能从来往的人群中找到可敬可爱的父亲。一连几天,每天他都失望而回,见不到父亲,他变得沉默寡言,泪眼婆娑。父亲之死,让他真正地明白了人间的悲痛。

托尔斯泰的四女儿亚历山德拉在《父亲》一书中说:"我的

父亲从我爷爷那里继承了一些东西，这些东西留给人的印象相当深刻，甚至一定意义上可以作为他的形象了。这些东西包括和蔼可亲的脾气，说俏皮话的本领，以及健康的体魄。"父亲对托尔斯泰的影响是以后他生命中任何一个人都无可替代的，这样的烙印可谓深刻。

尼古拉去世后，托尔斯泰的祖母忧伤成疾，一年之后，1838年5月25日，也病逝了。父亲和祖母的相继去世，过早地宣告了托尔斯泰美好童年生活的结束，当时，亚历山德拉姑妈成为他们在血缘上最亲近的人，也就理所应当地成了他们的监护人。托尔斯泰家的财产被监护理事会经管，一家人为了节省开支，搬到了一座比较简陋的住宅中去了。

父亲的去世，让这个家久久笼罩阴郁的气息，无论是对于塔吉扬娜姑妈还是托尔斯泰来说。亚斯纳亚无忧无虑的生活再也回不去了，这个只有10岁的小男孩像是无人庇佑的小草，在风雨飘摇中开始艰辛的成长。

回忆笼罩着一层伤痛，亲人的相继离世让他被迫成长。这样的成长，是痛苦的。仿佛身体里的每一根神经都被一种强大的无形的力量撕扯着拉长。托尔斯泰由此变成了一个少年，呈现在他面前的不再是亚斯纳亚的郁郁葱葱，而是整个世界的变迁和岁月的沧海桑田。

但是，纵观托尔斯泰的一生，我们不能因为他所遇见的伤悲而忽略他快乐生活的最初底色。一个人在生命之初，用稚拙的眼神审视岁月的最初模样，往往奠定了他一生的感情基调。在以后的生活里，我们的托尔斯泰有波折，可是他似乎永远是勇敢而无畏的。

第二章　跌宕中成长

1. 沉寂的生活

父亲去世后的很长一段时间，托尔斯泰的生活都是处在一片悲伤之中。他这棵在大树庇佑下生长的小草，不得不过早地面对现实的风风雨雨。托尔斯泰在丧父之痛中沉寂了很长一段时间，随着时间的推移情绪渐渐好转，可是他和哥哥妹妹们的生活已经大不如前了。

父亲和祖母相继去世之后，亚历山德拉姑妈担任5个孩子的监护人。为了节省开支，亚历山德拉让尼古拉和谢尔盖留在莫斯科上大学，另外3个孩子包括托尔斯泰在内都和塔吉扬娜姑妈回到了亚斯纳亚。

祖母在世的时候，把托尔斯泰最喜欢的德国家庭教师列斯谢利辞退了，不久之后，一个叫作桑·托马的法国人开始担任托尔斯泰的家庭教师。桑·托马性格傲慢，总是装腔作势。托尔斯泰十分讨厌他，可是那个时候的他又没有能力给自己换另外一个家庭教师，这让敏感的托尔斯泰受到了伤害。

在回忆录中他这样写道："许多年之后的今天，我已经不记得当时具体发生了什么事情。总之，那件事情绝不值得我受到如此恶劣的处罚。我被桑·托马锁在屋子里，还威胁我说要剥光我的衣服用树条抽我。在人的一生中，绝大多数的事情并不对人产生深远的影响，另一些事则不同。它们在你的记忆里保持鲜活，并且不时闪现，对你的精神造成伤害，这件事就属于这类事。"对于桑·托马的粗暴行为，托尔斯泰只能选择忍受。

尽管后来两个人的关系已经改善，但是在那样特定的一个时期，在当时托尔斯泰幼小的心灵里，这个人是极其不可爱的。

父亲在世的时候，托尔斯泰的幻想和对爱的向往都不能被满足。父亲和祖母去世之后，托尔斯泰的生活一度只能用两个字形容——孤独。他是家里最小的男孩儿，因为其貌不扬，自然而然地产生了自卑的心理。

他想找到自己钟爱的事情，却觉得自己像是在无际的海面上航行的小船，没有方向；他想向别人表达自己的爱，可别人总是嘲笑他。

他认为自己可以一鸣惊人，但是自己偏偏像是一粒小小的沙子，微乎其微。面对现实生活中精神生活严重缺失的困境，他只能建立一个宽阔的内心世界，并且让这个世界丰富起来。

于是，他开始幻想。他在自己的小说《少年》中写到他被家庭教师锁在储藏室的时候脑海里浮现出的画面："我不停地幻想着自己成为心中的英雄人物，我冲在队伍的最前方，后面是我的士兵，我手里握着大刀，冲到对面的敌人面前，将他们一一砍倒。"虽然这仅仅是他的小说，但还是反映了当时生活的状态以及托尔斯泰压抑的心境。

对一个快速成长的孩子来说，这样的幻想是必要的，是疏解内心压抑的重要渠道。然而，托尔斯泰之所以成为一个伟大的文学家，他的笔端必须始终和现实生活紧紧相连，这样的幻想就只能是暂时的。

天马行空的幻想，是一个人成长道路上的独木桥。如果前面是悬崖和沟壑，就必须要选择走上这座独木桥。可是，到达平原的时候，人就一定要踏踏实实地站在地上，将自己的思想根植在历史和现实的土壤中。托尔斯泰做到了，幻想被严肃认真的哲学思考能力取代了。

没有人和他交谈，没有人和他交换看法，他孤单地思考着，孤单地选择了坚强，在孤独中他艰难地摸索着自己成长的路。

1841年夏，亚历山德拉姑妈的身体健康每况愈下，她时常到卡卢加州奥普季纳修道院去祈祷，最后病死在修道院里。这悲伤的一年结束的时候，大哥尼古拉是大学一年级的学生了。托尔斯泰已经13岁，他开始初步懂得生活的意义，妹妹玛利亚只有11岁，两个哥哥尽量把悲伤隐藏在心中，想给一直遭受创伤的妹妹一个更加美好的生活。

由于弟弟妹妹还小，自己还有学业没有完成，尼古拉请求远在喀山的小姑妈佩拉格娅做5个孩子的监护人。他对佩拉格娅姑妈说："请不要抛弃我们，我们只有您一个亲人了。"佩拉格娅十分感动，最后决定把孩子们带到喀山自己家里去。

但是因为佩拉格娅的丈夫曾经钟情于塔吉扬娜姑妈，所以她不同意塔吉扬娜姑妈同去。小托尔斯泰不得不和塔吉扬娜姑妈分开了，分别的时候塔吉扬娜姑妈感到非常痛苦，孩子们也同样舍不得。

托尔斯泰在后来写给塔吉扬娜姑妈的信中说："在离别的时候，我突然内心一颤，明白了你对我的意义……"

带着对塔吉扬娜姑妈深深的不舍之情，托尔斯泰来到了喀山佩拉格娅姑妈家中。起初，他的生活没有太多改变，只是感到更加的孤单。佩拉格娅姑妈对于孩子们的教育放任自流，13岁的托尔斯泰非常苦闷，他回忆道："没有人给我们灌输过任何道德观念，绝对没有。"

随着年龄的增长，托尔斯泰希望摆脱桑·托马，由于佩拉格娅的要求，桑·托马也采取了放任自流的态度。

偏偏这个时候，托尔斯泰到了思想形成时期。他开始思考，想一些和年龄完全不相称的事情。比如他想到幸福不靠外因，而是靠人们对于外因的态度。

为了让自己受苦，他常常把一本大字典举过头顶，胳膊累得酸痛也不放下。甚至跪在储藏室里抽打自己的背，或者把手放在火炉上烤。一次，他想到，死亡在每一小时每一分钟地等待着人们，于是他认定人只有及时行乐。

此后的三天，他放弃学业，只是躺在床上看小说吃零食。有一阵子，他又迷上了怀疑主义的哲学，认为宇宙其实是不存在的，只是在自己注意它时它才会存在。这一时期，托尔斯泰的生活十分萎靡。每天都有新的思想，每天都做着不同的尝试，可是他一直是茫然的，或者说处在摸索中。

后来，在《忏悔录》中他写道：

"这段时间是我最苦闷的一段时间。我的内心承受着巨大的矛盾的压力。一方面，我一心一意地想成为好人，但是当我把我的思想表露出来的时候，受到的只是无情的嘲讽。我还记得有一次，当我把我思考了很久的一个问题说给别人听的时候，对面坐着的人脸上不屑一顾的表情，就仿佛我是一个一无所知的幻想狂。

"然而，所有这一切还不是最糟糕的，最糟糕的事情莫过于没人肯为我指出一条如何走向好人的路。相反的，如果我在他们面前表现出自私、淫欲、傲慢，我却受到别人的尊重，仿佛我已经明白了这个世界，而不只是一个整天只爱幻想的小家伙。"

从这段话里，不难看出托尔斯泰对于当时的生活氛围十分不满，他所处的环境十分恶劣。在二哥谢尔盖的影响下，加上性早熟，托尔斯泰去过一次妓院。在妓女的床上，他哭了，他为自己丧失的天真所哭泣。

幸运的是，托尔斯泰这个时候遇见了季亚科夫。季亚科夫看出了这个有些懦弱和自卑的男孩子身上有着某种可贵的东西，他十分欣赏托尔斯泰有大胆表露自己思想的勇气。他评价托尔斯泰比自己预想的要聪明，这对于沉寂时期的托尔斯泰来说十分重要。

重新找到自信，重新找到了能够排解孤独感的人，托尔斯泰的生活如同沐浴到了一丝阳光。已经长成大男孩的托尔斯泰总是想象自己穿上带金扣子的军服，戴上三角制帽，腰悬佩剑，成为一名"十足的大人"。

他想从军，想征战四方，和许多男孩子一样，他心中也有一个英雄梦。可是，佩拉格娅姑妈希望他考大学，像哥哥尼古拉一样。对于科学不感兴趣的托尔斯泰决定考喀山大学东方语言文学系，将来打算做一个外交官。

通过和季亚科夫的交往，加上成长道路上的不断思考，托尔斯泰终于觉得自己找到了生活正确的方向和即将施展拳脚的领域。他期待大学生活，期待从军，期待成为他所说的那些道德完美的人。无论是不是他自己的选择，他都要开始大学生涯了，开始像一个十足的大人那样生活了！

2. 短暂的大学生涯

托尔斯泰开始决定考大学了，他报考了喀山大学东方语言文学系，事与愿违，第一次考大学就以失败告终。1844年8月4日，托尔斯泰再次参加阿拉伯语和突厥-鞑靼语的入学考试，这一次他考上了。

这个结果让托尔斯泰十分雀跃，他感觉自己终于长大了，终于可以摆脱桑·托马的控制了。他将拥有自己的马车，就像大哥尼古拉一样。

然而，大学生活并不像托尔斯泰想象的那样快乐和美好，他很快发觉自己对东方语言文学并没有什么兴趣，课程的枯燥让他觉得十分苦闷。一开始的出色成绩随着那种新鲜感被冲淡而逐渐下滑，他开始迷恋上了社交，沉湎于喀山的上流社会。

所有的舞会和招待会，他都是有请必到。不过，托尔斯泰始终没能融入上流社会之中，他感到局促和腼腆，动作呆板，人们用调侃的语气叫他"哲学家"。

也正是在这个时候，托尔斯泰爱上了一个叫季娜的姑娘，他们在一起度过了一段干净、纯粹美好的生活。

爱情——人世间美妙的情感，感染了托尔斯泰，也塑造了一个全新的托尔斯泰。或许，季娜的出现让托尔斯泰枯燥的大学生活有了美好而且浪漫的回忆。我们应当感谢这个姑娘，因为是她点亮了托尔斯泰生命里的爱情之灯。

喀山大学每半年一次的考试让托尔斯泰很是头疼。1844年12月22日举行的考试，让托尔斯泰信心受挫。每科分成绩和勤奋两种分。托尔斯泰的成绩单是这样的：阿拉伯语成绩2分，勤奋2分；教会圣经史成绩3分，勤奋2分；法语成绩5分，勤奋3分；普通文学史的考试托尔斯泰没有被允许参加。

普通文学史这门科目的教授伊万诺夫的夫人是托尔斯泰的远房堂姐，伊万诺夫和托尔斯泰的姑妈发生过争吵，所以托尔斯泰认为伊万诺夫是在报复，并且认为他是一个非常狭隘的人。

他觉得这门功课自己学得很好，这样对自己十分不公平，所以决定转到法学系去。

站在客观的角度上来说，托尔斯泰根本不应该怪自己的老师。他每天混迹在上流社会，旷课的时候更是数不胜数，醉心于社交的他其实已经很久没有潜心学习了。转到法学系也正是因为那里课程非常轻松，学生们大多是花花公子。到了法学系之后，托尔斯泰依旧过着醉生梦死的生活，时常旷课。

法学系出名的才华横溢的老师梅耶尔也不得不给他一个很低的分数，梅耶尔是德国人，教俄国文学史。

梅耶尔曾经这样评价托尔斯泰："我的一生都奉献给教育事业，而在我教育的学生中，总有一些是让我感觉非常特别的。有的人天资聪颖但对学习没有兴趣。确切地说，不是没有兴趣，应该说出于某种原因，有厌倦的情绪。我不太清楚这种厌倦之情来源于何处，因为在我年轻的时候，也曾经发生过这样的事情。在那段时间里，我依然能感受到文学史带给我的震撼和热爱。但是，我的生命之塔似乎指引错了方向，我无论如何也无法提起精神。这些事情我原本已经忘记，直到托尔斯泰出现在我的面前。太可惜了！太可

惜了！太可惜了！今天，我对他进行了一次考试，如果他很优秀，我一点也不会感到惊讶。不过，让我惊讶的事情还是发生了，他的成绩出奇地糟糕。他的天分明明已经把他指引到了文学的方向。可是，就像我年轻时候一样，一股莫名的力量牵引着他，使他走向了另一个方向，我不知道他会在这个方向上走多久，走多远。不过，我可以肯定的是，一旦他听从心中的意志，他一定能成为一个出类拔萃的人才。"

于是梅耶尔下决心培养托尔斯泰的学习兴趣，并且逼迫他学习。可是，这样逼迫托尔斯泰学习的做法让托尔斯泰觉得俄国文学史是一门最无用的科目。

托尔斯泰认为，这门科目是一堆寓言和无用的琐事，夹杂着一大堆不必要的数字和专有名词……谁要知道伊凡雷帝第二次和杰姆鲁克的女儿结婚是在1652年8月21日？

索然无味的功课，加上和自己想象相去甚远的大学生活，让托尔斯泰萌生了退学的念头。

一次，托尔斯泰跟同学纳扎里耶夫被关进了禁闭室。纳扎里耶夫后来回忆托尔斯泰这样对他说：

"在这样一所学校，这样的社会环境中，我们、我们这些青年，应该得到的是什么样的教育？我们又应该得到什么样的教育？教育，是应该把人塑造成好人还是坏人？是一个贪婪、无耻、无恶不作的人，还是一个正直、善良的人？最初的幻想总是美好的，只要接触到现实，所有的幻想就像泡沫一样，粉碎得无处寻觅。如果，现在我们就从这所学校毕业了，我们应该怎么回首这段时光？是对别人说我受到的教育是让我做一个唯利是图的人吗？如果是这样，我们根本不需要在学校里学习，在社会上我们能学到的比这里要多得多。告诉别人我们的教育告诉我们要做一个好人吗？可是，教育从来不曾这样告诉我。凭良心说吧，当你回到家乡的时候，我们从这个高等学府里能带走什么呢？"

托尔斯泰已经对法学失去了兴趣，对大学生活失望至极。他渐渐地喜欢上了哲学。

1846年暑假，托尔斯泰在亚斯纳亚放暑假期间开始有目的地阅读哲学著作。年轻的托尔斯泰认为"人的心灵的实质是意志，而不是理智"。对当时的托尔斯泰来说"不受限制的意志"是人的心理的最高品质，它应当指导人的全部生活和活动，永远居于各种需求之上。

这个夏天，托尔斯泰开始阅读卢梭的著作《忏悔录》，这本书对他的影响是强烈的。卢梭的作品之所以震撼了托尔斯泰，是因为他的作品在很大程度上回答了托尔斯泰内心的疑问，让托尔斯泰对人生哲学有了系统而深刻的认识。研读哲学著作，思考哲学问题，使他渐渐和他人疏远了。

哲学，让他的生活发生了变化，他不再注意自己的仪表和外貌了，开始简化自己的物质生活。他设计了一件帆布长袍，白天做衣服晚上当作被子。

1847年4月，托尔斯泰选择离开大学，回到了他的故乡亚斯纳亚。

恰好在这个时候，托尔斯泰兄妹继承的产业分好了，全家居住的庄园亚斯纳亚分给了托尔斯泰。他拥有了5400英亩田地和330个农奴。

关于离开大学的原因，托尔斯泰这样说："其一是因为二哥谢尔盖结束了学业，要离开了；二是不管说来多么奇怪，我将完成

《训示》和《论法的精神》进行对比这一作业。大学的生活，会妨碍这样的研究工作。"

虽然离开了大学，但是托尔斯泰的学习生涯似乎才刚刚开始。他给自己制订了非常庞大的学习计划：

1. 学习为取得学位所需要的全部法律课程。

2. 学习应用医学和一定程度的医学原理。

3. 学习法文、英文、俄文、德文、意大利文和拉丁文。

4. 学习农业的理论和实践。

5. 学习历史、地理和统计学。

6. 学习数学。

7. 写论文。

8. 在音乐和绘画方面，尽我所能达到最完善的境地。

此外，他还写下以下准则：

1. 不顾一切困难，去完成我自己决定要做的事情。

2. 很好地完成我已经在做的事情。

3. 凡是我忘记的，绝不去查书，而是尽力把它回忆起来。

4. 经常让我的头脑尽力工作。

5. 随时大声阅读和思考。

这个庞大的计划虽然看上去不可能实现，但是根据托尔斯泰的女儿亚历山德拉说，除了法律学、绘画和医学之外，在其他方面托尔斯泰都获得了真正的知识。这个计划的制订或许只需要一天的时间，可是托尔斯泰的确是用一生在实践着这个计划的。

在托尔斯泰的强烈要求下，塔吉扬娜姑妈留在了亚斯纳亚，直到去世一直陪伴在托尔斯泰身边。

再次回到亚斯纳亚，托尔斯泰开始了属于自己的人生，他发奋学习知识，并且开始致力于改善农奴的生活。离开大学，选择自学，选择哲学的生活，在某种程度上注定了他以后所走的道路。他的一生还有很长，然而从他的选择中，我们已经可以瞭望到他辉煌又传奇的一生了。

3. 青年时代的徘徊

　　1847年夏天，托尔斯泰终于在亚斯纳亚和哥哥妹妹们相聚在一起。自从父亲去世之后，这样相聚的日子几乎很少。尤其是大哥尼古拉在外求学，更是和他鲜少见面。时光荏苒，兄妹几个全都长大并且拥有自己的生活了。

　　面对自己土生土长的庄园和这样一大批农奴，托尔斯泰想到的不是利益，也不是扩充自己的地盘，而是怎样改善农奴的生活。他回忆起了自己的外祖父和童年时代的小绿棒的故事，他决心让所有人都得到幸福。托尔斯泰已经长大，终于明白了这根小绿棒要用自己的一片赤诚之心去创造。

　　1893年秋天，庆祝格里戈罗维奇从事文学活动50周年的时候，在写给格里戈罗维奇的信中，托尔斯泰说："我至今记得《苦命人安东》带给我的震撼，通过这本小说，我重新对自己认识了一番，即发现了俄罗斯农奴是我们的养育者，甚至从某种角度来说，可以算是我们俄罗斯民族精神的体现和老师……"

　　《苦命人安东》对托尔斯泰的影响之深刻，或许连格里戈罗维奇自己都没有料到。托尔斯泰决定在亚斯纳亚进行大刀阔斧的改革，立志于改善农奴的生活，帮助农奴们解决困难。

虽然他是真心帮助农奴的，但是很少有人相信他，有的人不过是想从他身上捞点儿好处。

计划的失败让托尔斯泰十分沮丧，1848年10月，他离开了亚斯纳亚去莫斯科。

到了莫斯科，他住在一个叫作别尔费里耶夫的朋友的家中。那段时间，他整日和别尔费里耶夫出入上流社会，过着花天酒地的生活。后来，托尔斯泰回忆起这段生活说："我在莫斯科生活得恍恍惚惚，把日子过得相当糟糕，不想工作，也不想做任何事情，只想闲逛。我的计划一大堆，总在脑袋里面晃来晃去，不过早晨一觉醒来的时候，我看着外面的天空就会想，今天天气这样好，我还不如出去溜达一会儿，上午就这样过去了。到了中午，阳光把人晒得懒洋洋的，谁还想工作的事情呢，不如先睡觉吧。日复一日，我一边在心中感慨时间过得真快，另一方面却从不珍惜时间。这段时间是我一生中最糟糕的一段日子，也是我最悔恨的一段日子。"

1849年1月，托尔斯泰终于痛下决心，离开莫斯科去了彼得堡。渴求知识的愿望和内心中的不满足感，把托尔斯泰引到了远方。

在初到彼得堡的一段时期里，托尔斯泰放弃了哲学研究，他准备报考彼得堡大学的副博士考试。经过努力，托尔斯泰以优异的成绩通过了民法和刑法的考试。但是当彼得堡大学的大门已经向他敞开的时候，他又放弃了，他开始幻想成为一名军官，征战四方。

可是，没有一个明确目标的人生是缺乏原动力的，托尔斯泰在不久之后又过起了混迹的生活，挥霍完身上所有的钱又负债累累。于是，他决定回到亚斯纳亚去。在回家的路上，他结识了音乐家鲁道夫，并且邀请他一起回到亚斯纳亚。

回到亚斯纳亚之后，托尔斯泰变成了图拉市贵族俱乐部的常客，终日酗酒、打牌。在这样没有意义的日子里，鲁道夫给了托尔斯泰音乐上的安慰。于是，他又觉得自己可以成为一名伟大的作曲家了。每天，他都要拿出几个小时来练琴，从音乐中找到灵感试图进行创作。

尽管过着低迷的生活，托尔斯泰依旧没有放弃对理想的追求，他的骨子里是不甘沉沦的。在那段时期里，托尔斯泰的内心充满了痛苦和无所事事的罪恶感。一方面，他用酒精、赌博满足自己的欲望，另一方面，就在干这些事情以后，他的心灵又备受煎熬。他像是一个吸毒的病人，麻醉自己的精神的同时，谴责着自己的堕落。眼见面前是万丈深渊，退后一步就是大海，仍然被深渊吸引，不愿回头看看美好的大海。

几个月之后，托尔斯泰决定再次去莫斯科，此行有三个目的：赌博、成亲、谋职。第一件事，让托尔斯泰不得不变卖自己的财产来摆脱窘境。第二件事大哥尼古拉劝他暂时搁置下来。第三件事对于毫无工作经验的托尔斯泰来说有些难办。在这个时期，他又开始阅读，给他造成影响的是《富兰克林传》。

可惜的是，后来这个记事本没有完整地保存下来。我们从这个散佚的记事本中可以看出，托尔斯泰有着认真生活的强烈愿望，他不希望自己沉沦下去，他坚持一刻不停地认真思考着人生。

在莫斯科期间，托尔斯泰开始了一件十分有意义的事情——创作。第一部小说《茨冈人的故事》他没有写完，手稿也弄丢了。幸运的是，另一篇《昨天的故事》经过研究托尔斯泰的专家的寻找，最终手稿被保存下来了。

这个时期他开始酝酿自己的处女作《童年》。虽然最开始涉足写作没有给他带来荣誉和踏实感，可是托尔斯泰还是找到了对于自己人生最有意义的一件事。后人记住了他的巨著，同样应该铭记那些没有被写完的作品。

看着年轻的弟弟整天无所事事，大哥尼古拉建议托尔斯泰去高加索服兵役。托尔斯泰让尼古拉十分担心，他知道必须尽快改变弟弟的这种生活。一向敬重大哥的托尔斯泰接受了这一建议。

1851年4月底，托尔斯泰随着大哥前往高加索。途中，他得以再次回到喀山。故地重游难免让他心生感慨，毕竟这里承载着他所有的少年时光。对于托尔斯泰来说最有意义的还是和季娜的重逢。

托尔斯泰明白了爱情不在乎身体和样貌，而是人心灵深处的感应。面对着日益深刻的思想和情感，曾经的"爱情"变成了过眼云烟。后来听说季娜结婚的时候，托尔斯泰只不过是怅然若失。此后，这个女人就永远地留在了托尔斯泰的少年光阴里。

离开喀山之后，他们来到伏尔加河，有生以来托尔斯泰第一次看见层峦叠嶂的壮丽景象，他的心瞬间被自然的磅礴征服了。

在高加索参军期间，托尔斯泰对军官们没有什么好感。可是他喜欢和粗犷、健壮、质朴的哥萨克人交往。

在高加索，托尔斯泰最好的朋友是萨克叶皮什卡。这是一个能骗会偷却又是一个实实在在的好人。

1852年托尔斯泰正式入伍，成了一名炮兵战士。在一次战斗中，他险些中弹，同年被任命为士官生。

在战斗中，托尔斯泰对自己要求十分严格，不允许自己有丝毫的懦弱，更不允许自己临阵脱逃。在这期间他险些丧命，同时在枪林弹雨中他也积累了丰富的经验。

正是在这个时期，文学的种子在托尔斯泰的心中渐渐地萌芽，他虽然英勇善战却厌恶征战。在征战四方的过程中，他明白了生命的真正含义，开始骑着战马杀进现实的战场和文学的殿堂。

4. 初露锋芒

在高加索丰富、刺激的生活让托尔斯泰的思维进入了活跃期，他每天都接触着新的事物、新的人，生活变得充满活力。

服兵役的生活让托尔斯泰经常思考生命的意义，之前的哲学思考和大量的阅读使他觉得写作变成了一件得心应手的事情。

处女作《童年》的酝酿时间很长，他早就萌生了写童年故事的愿望。终于在1848年10月至1851年4月间，他开始动笔了。托尔斯泰决定把小说分为3个部分，第一部分叫作《童年》。1852年7月3日，怀着忐忑的心情，托尔斯泰把已经截稿的《童年》投给了《现代人》杂志社。

这本小说的创作过程是艰辛的，几次修改，几次誊写，这让征战中的托尔斯泰疲惫不堪。在写作的过程中，他感觉自己的最真挚的情感已经融入了小说的字里行间，对于这本小说，他越来越重视，写得也就越来越认真。

寄给杂志社的小说署名是父亲名字的缩写：列·尼。在给杂志社主编涅克拉索夫的信中说："也许，你永远也无法理解我此时此刻给你写信的心情，有生以来，我第一次充分体会了人类最复杂的情感交织在一起的感觉。焦虑不安、欣喜若狂掺杂在一起，每时每刻的期盼和害怕等待之后终究是一场空的情绪让我彻夜难眠，作品会得到什么样的评价？它是一部好的小说还是一部不值一读的垃圾？我发现，写作过程带给人的是无比的幸福感，可是，当你真的完成后，你所面对的情绪如此让人抓狂。我不知道世界上是否已经有作家写过关于等待自己作品发表过程的小说。我敢说，如果谁能把我此时此刻的心情完全写下来，这一定是一部杰作。每天夜里，我都不敢入睡，我怕我的作品将要发表的美梦就在我醒来的时刻被惊醒。每天清晨，我面对蒙蒙亮的天光，都充满希冀，盼望着这是我能听到好消息的一天。有时候，我就像是一个犯了不至于被判死刑的罪的犯人，等待着最终的审判。我不知道我将面临的是怎样的结果。如果是好的结果，我将继续我的写作；如果不好呢？我是该把我的希望付之一炬，还是该如何？"

一个多月之后，涅克拉索夫终于给托尔斯泰回信了，他的信写得相当克制，他说："亲爱的作者，你好。你的作品和信件我已经都收到了。作为一个审稿人，目前为止，我还无法确切地告诉你，你的作品是否能发表在杂志上，因为，我不知道续篇的情况。不过，我仍然要告诉你的是，你的情绪我完全能够理解，因为你就是曾经的我，你面对的情况就是我曾经面对的情况。虽然过去了许多年，我仍然清晰地记得我在写完第一篇作品时的心情，现在回想起来，这种情绪是如此美好，可在当时，说句玩笑话，可是差点要了我的命。从你的作品中，我能感觉到你有才气，不过出于谨慎的考虑，请将续篇寄来。最后，作为一个过来人，我想告诉你两件事。第一件，我的标准并不就是最终的标准，你内心关于写作的迫切是唯一的标准，如果你不确定你是否要写下去，去问问你自己的心，它会告诉你最终的答案。第二件事，你是一个有才华的作者，我不确定你能达到什么样的高度，不过，只要你努力，你一定能收获你该收获的赞誉。"

作为一个新生的作家，托尔斯泰是幸运的，他没有经历退稿的失落，文学的大门已经迫不及待地对这位天才敞开了。

1852年9月30日，托尔斯泰收到了涅克拉索夫的第二封来信：亲爱的作者，这是我给你写的第二封信了。我很肯定地告诉你两件事情：第一件事，尊稿将刊登在《现代人》第九期上。第二件事，我把你的作品仔细读了几遍，我觉得这部小说要比我第一次读时好得多。我内心里有一种声音，在面对这样的作者时，我不该吝啬我的赞美之情，你是有才华的，而且这种才华将会在你将来的作品中进一步展现出来。从我个人的经验来看，对一个写作者来说，有两件事是必须得到肯定的。第一件事，我很有才华，只有这种确信才能让你找到写作的自信。第二件事，你必须从你的内心中寻找到一种声音，这种声音将告诉你，我必须要写下去，如果你非常肯定地寻找到了这两件东西，我很确切地告诉你，你的未来不可限量，现在的小小成功都只是开端。祝福你。放下包袱，前面就是广阔的海洋，追随自己内心的声音，放开你的脚步，大胆走下去。

这两封信无疑是托尔斯泰文学创作之路上最初的鲜花和掌声，迷失已久的托尔斯泰找回了失去的自信和归属感。之后，他接着写了《一个地主的早晨》《袭击》《一个台球记分员札记》。

《童年》发表后，立即轰动彼得堡文坛，大家纷纷开始关注这颗文学新星。

著名作家屠格涅夫写信给涅克拉索夫说："我虽然写了很多被

别人称之为优秀的作品,不过到目前为止,我仍然不知道该怎样定义文学上的天才。最近,我看到了发表在你们杂志上的托尔斯泰的作品,从我的阅读经验来看,这就是一个天才!如果有机会见到这位天才,一定要告诉他我对他的祝贺和欢迎。"

另外一位著名作家陀思妥耶夫斯基当时在西伯利亚流放,一次他在写给友人的信中说,希望朋友打听一下这位神秘的有才华的托尔斯泰。

反应最强烈的还是作家巴纳耶夫,他是《现代人》杂志的编辑,看了《童年》之后,他在熟人中来回奔走,经常朗读《童年》的片段。一次,屠格涅夫和朋友们走在大街上看见了巴纳耶夫,立即对朋友们说:"我们躲开他吧!"

朋友们问:"怎么了,你们吵架了?"

屠格涅夫说:"不是。不过我得避开他,因为他总是向我朗诵《童年》的片段。"

托尔斯泰的这次初试笔锋,就大获成功。之后他一鼓作气写了童年的续篇《少年》《青年》。在世人眼中,这三篇没有之后的《战争与和平》等有名气,但是,这三篇自传体小说成了人们研究托尔斯泰生活和经历的瑰宝。在某种程度上来说,这三部曲是托尔斯泰生活的镜子。

许多杂志纷纷赞扬《童年》,一家叫《祖国记事》的杂志有一篇文章说:"如果这是列·尼先生的第一篇作品的话,我不得不从内心中表达我的最崇高的敬意,也许,俄罗斯文坛从此将迎来下一位杰出的天才,他的未来怎样现在还无法确定,但是至少我们现在可以说,在所有第一次完成作品的作家中,托尔斯泰无疑是其中最杰出的、也是最有创作天分的一个。"

有趣的是，托尔斯泰的妹妹玛利亚是《现代人》杂志的忠实读者，并且她和屠格涅夫是邻居。托尔斯泰回到亚斯纳亚探亲期间，妹妹也回到了那里。一次，妹妹抽出一本《现代人》说："你看看，上面写的是咱们幼年时期的事情，是不是大哥写的？屠格涅夫对这篇小说很欣赏，特意向我推荐的……"

托尔斯泰笑着问："你认识屠格涅夫？《猎人笔记》的作者？"

妹妹说："这有什么大惊小怪的，他的庄园离我们的庄园不远，他经常到我们家做客！"

这时，塔吉扬娜姑妈说："玛利亚，你不要大惊小怪。《童年》不是你以为的大哥写的，而是你小哥写的。"

玛利亚高兴地跳了起来，她深情地拥抱了托尔斯泰。

托尔斯泰被人们熟知只是一夜之间，但他的成功绝对不是偶然。

他不甘心随波逐流，他留恋于歌舞场，却不是浪荡子弟；他饮酒，却不酗酒；对于上流社会声色犬马的生活，他一直没有融入，尽管身在其中。在成长的道路上，他不断地剖析自己，拼命地在堕落的泥潭中挣扎。

在1852年3月29日的日记中，他这样写道："平庸的生活使我痛苦，我怎样才能摆脱如此平庸的生活？阅读？写作？我要选择一种方式对这种平庸的生活进行反抗。人，总是要成长的。从最初的不确定到现在我寻找到了自己内心的声音，我更加确信，无论何时，我注定要成为一个与众不同的人，我要继续寻找关于人和人生的秘密，要把它写下来，给人类留下丰富的精神遗产。我渴望成为这样的人：他已经死去很多年，人们依然能从他的精神遗产里发现、总结关于人类是什么、关于人类怎样生活才能幸福、关于人类是否能寻找到最终的幸福的内容。如果把我的生活生命概括成一句话，应该是：我渴求的是能对人们的幸福和利益产生巨大的影响。"

阅读大量的文学作品和哲学书籍，让托尔斯泰不只是在年龄上有所增长，也包括思想和阅历的丰富。他钟爱卢梭，喜欢果戈理，在他的头脑中，书单很长，收获很多。阅读的乐趣点燃了托尔斯泰的创作激情，书中的世界和现实的世界得到了充分的融合，在他的头脑中加工、升华。

无论是写作的直接经验和间接经验，托尔斯泰都让自己的文学积累远远地高于他人。

对一个刚刚涉足文学的作家来说，写作是陌生的，也是神圣的。作品风格的定位和情感的抒发直接决定了一个作家的文学生命长短。在托尔斯泰的心中，写作是一件需要付出生命的事业。

1853年7月20日，托尔斯泰申请退伍。

原因是在部队的生活不是很得意，和上级的冲突不断。生性喜欢自由的托尔斯泰，和部队中规中矩的生活越来越格格不入。就像是在喀山大学的时候一样，托尔斯泰无法融入那样的生活。

另外，创作上的成功让他想回到亚斯纳亚全身心地投入其中，他需要一个空间，一个平淡的环境。

然而，军队不是大学，不是来去自由的地方。1853年6月，俄国出兵占领摩尔多瓦和瓦拉几亚，俄罗斯和土耳其的战争一触即发，托尔斯泰的退伍申请没有被批准。于是，他怀着一个普通俄国人的爱国热情去了多瑙河部队。

战争的激烈让每一个军人都必须做好为国捐躯的准备，临行前他甚至写了遗嘱。塔吉扬娜姑妈流着泪说："列夫，为了姑妈，你一定要好好地回来！主会保佑你的！"

　　此时的托尔斯泰早已经不是那个没有方向的少年了，除了创作，任何事情都只是生命的插曲。正因为有了多年的从军生涯，才让这个作家的作品成为社会生活的全景图，才有了后来我们耳熟能详的鸿篇巨著。军队的生活，让他首先成了一个真正的男人，其次才是一名优秀的作家！

第三章 崭新的生活

1. 戎马倥偬

在去多瑙河部队之前，他打算回到家乡亚斯纳亚看看。那里的一切，让他牵挂着。

俄罗斯的冬天十分寒冷，托尔斯泰在风雪中穿梭着，他心情十分复杂，怀着要和家乡诀别的心情一步一步地向前走着。命运的不确定，征战的残酷让这个初出茅庐的作家被迫放慢写作进程。这样的选择是被动的，也是无奈的。在风雪中，他举步维艰，走得刻骨铭心。

在多瑙河部队，托尔斯泰经历了几次调动：从布加勒斯特到奥利尼坚茨镇，随后又被调回到布加勒斯特。最后在戈尔恰科夫伯爵的指挥下参加西利斯特里亚要塞的作战。

战争一触即发的时刻，上级突然取消了原来的袭击计划，并且解除对敌人的围困，这让托尔斯泰很不解。

这次作战行动中途被取消，俄军士气受到了很大影响，托尔斯泰本人也十分沮丧。

托尔斯泰以其过人的洞察力感觉到了整个俄罗斯作战部队的弊端，上级指挥不当，士兵们生活放荡，涣散的军纪。这些，都让他对现实进行了深深的思考。

在多瑙河部队时期，他和一些文化程度较高的战友，想要创办一个士兵教育协会。可是，这样的想法刚刚萌发就被上级否定了。

接着他要出资创办一份军事杂志，也没有得到沙皇的批准。

托尔斯泰越来越觉得，军队的生活不适合自己，自己和这里格格不入。

此外，他还写了《论德式马枪营》和《论改编炮队》，这些作战方案都石沉大海了，后来一些专家认为这些文章都十分具有军事价值。

四处征战的生活不利于文学创作，托尔斯泰的创作进程很慢，1854年4月底《少年》才截稿。8月底，他接到了涅克拉索夫的来信，信中说了很多鼓励他继续创作的话。

在这期间，他认真地阅读了自己的小说《童年》，认为其中有很多地方写得不尽如人意。尽管外界对他的作品赞赏有加，可在创作上，他对自己的要求几乎到了苛刻的地步。

他一刻都不停地对自己进行心理层面的剖析，在7月4日的日记中，他这样写道：

"在我所有的缺点中，最让我感到痛苦的是我不谦虚！我是谁？我时常问自己这个问题。答案是我仅仅是一个不算成功的作家，一个一事无成的军人，一个不通世故、不学无术的青年，行为乖张。没有确定的生活目标和生活准则。我时常问自己，你就想这样虚度你的一生吗？答案是否定的。从发表了我的第一部作品之后，我就在内心里告诉自己，我是一个不同的人，我要为人类留下丰富的精神遗产。可是，我的所作所为又何尝和我的心灵统一过？我整天无所事事，虚度光阴。何时，我的行动能和我的心中所想保持一致？道德，是最高的善。可是，我在道德上犯了多少错误，又将犯多少错误，我总是在心灵上对自己进行谴责，可在行动上又重复自己的错误。这种生活方式是错误的，我怎样才能过一种正确的生活？什么时候才能把自己的心灵和自己行为统一起来？"

从日记里，我们可以看出托尔斯泰十分急切地想要改掉自己的恶习，希望自己做一个道德完美的人。

尽管酗酒、玩女人这些毛病长期存在，可是他用大量的时间自省和剖析自己，试图一点一滴地塑造一个强大的心灵。

19世纪中叶，沙俄帝国不断地向外扩张。1854年，土耳其对沙俄宣战。已经是炮兵军官的托尔斯泰被调往塞瓦斯托波尔前线作战，真正的战争来了。

塞瓦斯托波尔是俄国黑海沿岸的一座重要港口城市，这里风景十分优美，是天然的海港。但是那个时候这里已经是硝烟弥漫的战场了，一时间民不聊生。俄国士兵士气高昂，海军上将亲自来前线视察："弟兄们，决战的时刻到了，你们怕死吗？"

"我们敢！乌拉！（俄语'万岁'的意思。）"士兵的呐喊声响彻天地。

此时的托尔斯泰是在为俄罗斯狭隘的民族主义而战的一名战士，他没有认识到自己的国家是在侵略，更没有意识到自己只是维护一个腐朽国家机器的刽子手。

在塞瓦斯托波尔，托尔斯泰没有停止写作，他在战地上写作，士兵们的英雄气概和战争的残酷，通通被他用一支孜孜不倦的笔记录了下来。

1853年底，急于进行文学创作的托尔斯泰曾想申请退伍，不久之后，俄国对土耳其宣战，克里米亚战争爆发，退伍申请没有被批准。1855年4月7日，托尔斯泰被调到第四棱堡，这里是最危险的地方。在这里托尔斯泰目睹一颗炮弹落到正在大街上玩玩具马的一个男孩和一个女孩身边，他抱着两个孩子一起倒在了血泊中。在这里，生命就是蝼蚁，战争让他成长为一名战士，也唤醒了他内心作为一个人道主义者的基本价值观。

由于英勇善战，托尔斯泰被授予"保卫塞瓦斯托波尔"奖章和"1853—1856年东方战斗纪念"奖章。他被伙伴们称作"名副其实的炮兵连灵魂""百里挑一的同事""心地纯洁的朋友"。

后来，一位战友这样回忆托尔斯泰：

"托尔斯泰是堡垒的名副其实的灵魂，夜深人静是我们最期待的时刻，因为这时候他就要开始讲故事了。战争，是具有两面性的东西。一个青年，无论多么不勇敢，在来到战场之前，他总是充满英雄情结。一旦到了战场，参加了几场战役，当你看到你的战友惨烈地死亡，无论这个青年多么勇敢，他也会感到无以言表的恐惧。托尔斯泰的出现太及时了，从他讲的故事和谱写的歌词里，我们重新鼓起勇气和战斗的意志。"

塞瓦斯托波尔战争持续了11个月，在保卫战的最后一天，托尔斯泰指挥5个炮兵作战。他眼睁睁地看着这座城市沦陷，坚持到最后一批部队撤退。战争以失败告终，俄罗斯军队不得不黯然离开。

这一天，是托尔斯泰的生日。他在日记中写道："我哭了。眼泪，承载不了任何东西。"

伟大的作家在战场上流下了属于将士的眼泪，无论战争目的是怎样的，浴血奋战的永远是他们。也许，就和平角度来说，他们不是英雄，可是没有人能否定他们的勇敢。

马克思曾经说过："俄国军队是欧洲最勇敢的军队之一。"

如今我们记住塞瓦斯托波尔战争，很大程度上也是因为托尔斯泰曾经在那里战斗过，并且，在这儿他写下了很多有价值的作品：《青年》《塞瓦斯托波尔故事》《十二月的塞瓦斯托波尔》。

《苦命人安东》的作者皮谢姆斯基在给《钢铁是怎样炼成的》作者奥斯特洛夫斯基的信中说："《塞瓦斯托波尔的故事》写得如此无情地真实，叫人读起来都觉得难过。"

亚历山德拉·费奥多罗夫皇后读了《十二月的塞瓦斯托波尔》之后曾经感动得热泪盈眶，皇帝亲自下旨把小说译成了法文。

在这些作品中，托尔斯泰把笔墨留给了普普通通的将士，我们可以从每一个字里感受到流动着的爱国主义热情。对祖国的爱，是最崇高的感情，是作为一个军人的使命所在。

"我的小说中的英雄，我倾全部力量去爱他。我曾经竭力从他的一切美好中去再现他，过去、现在和将来他永远都是美的。"

可贵的是，托尔斯泰在歌颂普通士兵的同时，谴责和揭露了上层军官的卑劣、愚蠢和腐败。歌颂和批判，两种感情形成强烈的对比，展现了一个作家现实主义情怀和悲天悯人的高贵心灵。

随着塞瓦斯托波尔的沦陷，托尔斯泰作为一个战士的使命也就完成了，他的军旅生涯逐渐接近尾声。好友屠格涅夫在听说他要退伍的消息之后非常高兴，他说："要是您能够离开克里米亚，我将由衷地为您感到高兴。这个世界上从来不缺乏穷兵黩武的人，但是这个世界太缺少伟大的灵魂。您的使命是文学创作……您的武器是笔杆，而不是军刀……"

1855年11月，晋升为中尉的托尔斯泰被派往彼得堡，尽管他没有脱掉军装，可是四处征战的日子已经结束了。一下火车，他就到了屠格涅夫的住所，两个人一见如故，成就文学史上的一段佳话。屠格涅夫说自己对托尔斯泰怀着"一种奇怪的、像慈父般的感情"。

27岁的托尔斯泰脱掉戎装，已经是一名声名鹊起的文学新秀了，他的作品几乎让人们忽略了他的赫赫战功。可是我们不能否认，如果遇到一个明朗的政治时代，文学史上就会少一个大作家，而他的名字定然会出现在军事历史中。

风华正茂的列夫被文坛公认为果戈理的继承人，他是俄罗斯文学新的希望。辉煌的一生才刚刚开始，而他年轻的生命已经像是一本书般丰富了！

2. 个人恩怨和人生态度

从塞瓦斯托波尔回来，托尔斯泰第一次见到了屠格涅夫。尽管两个人已经在文字的交流中成了相熟的朋友，可是以前，他们的友谊一直都隔着烽火连天。

另外，托尔斯泰还拜见了自己文学上的领路人——涅克拉索夫。

三个志同道合的人相聚，谈到很晚才回家。托尔斯泰表明自己此行的目的，首先是看望妹妹玛利亚，其次就是结识一下彼得堡的作家。从此开始，托尔斯泰就开始有目的、有倾向地接触文学这个领域了。

住在彼得堡期间，托尔斯泰应屠格涅夫的邀请住在他的家里。这次计划中的旅程，渐渐地让他走进一个圈子之中。

和这一大批作家相处的最初日子十分愉悦，才从战场上回来的托尔斯泰成为大家的焦点。

1855年11月21日，涅克拉索夫在给朋友的信中这样写道：

> 托尔斯泰已经从前线回来了，我们举行了盛大的晚会欢迎俄罗斯的文学新星。他朝气蓬勃，优雅大度，是个鹰一般的青年！

11月22日，在涅克拉索夫家中，托尔斯泰第一次遇见德鲁日宁。

23日在屠格涅夫举办的晚会上认识了丘特切夫、冈察洛夫、迈科夫。

12月2日，托尔斯泰应邀出席了象棋俱乐部文学午宴，彼得堡当时有名望的文学家悉数到场。在这里，作家们一起接到了前线传来的捷报，大家高兴地喊起："乌拉！"席间觥筹交错，每个人都十分尽兴。托尔斯泰和大家的关系又近了一步。

1855年年末，托尔斯泰像是返巢的大雁，找到了一个属于自己的圈子。在战场的枪林弹雨中穿梭下的心灵，也慢慢地变得柔软和敏感起来。他开始慢慢地找到了属于一个作家特有的乐趣。

然而，从战场上归来的托尔斯泰还是很难和彼得堡上流社会融合，大家既认为他是一个文学天才，同时又觉得他实在有些粗鲁无礼和格格不入。

德鲁日宁在日记里这样记录托尔斯泰："托尔斯泰时常表现得像个可爱的野人，他的行为举止有时并不像一个文学家应该表现出来的。"

大家看托尔斯泰就像是看一个新鲜的事物一样，用旁观的眼神来审视着他，但是这并不能阻止真正的冲突的来临，因为那些冲突往往存在于对文学的某些观点上。

当时《现代人》杂志有很多人是乔治·桑（法国巴尔扎克时代的女小说家，被雨果称为伟大的女性）的追逐者，一天在宴会上，当所有人都在赞扬乔治·桑的作品的时候，托尔斯泰突然跳起来说："乔治·桑的小说中的女主人公如果存在于现实中，应当把她们绑在刑车上游街示众。"

他的观点引起周围人一片哗然，支持乔治·桑的人立刻和托尔斯泰争吵了起来。更糟糕的是，对方的地位越权威，他的言语就越尖酸刻薄，常常令大家难堪。他的行为，让一度欣赏他的涅克拉索夫也很无奈，涅克拉索夫在写给别人的信中这样说：

"天才都是这样吗？我对他的才能仍然深信不疑。可是他的所作所为有时候让人如此不解，天晓得他脑袋里想些什么！如果这种贵族和军官的印迹在他身上不改变的话，那就太可惜了。"

屠格涅夫对于托尔斯泰的行为也十分费解，他说："我几乎和托尔斯泰吵翻了。这个混蛋年轻人。"如此可见，大家对托尔斯泰除了无奈，还是无奈。

后来，大家发现，一触及到托尔斯泰敏感的话题，他就要提出反对的意见，屠格涅夫说托尔斯泰从来不相信别人的真诚。他老是用他那双特别能洞察一切的眼睛，盯着那些使他起疑的人物。很少有人能像托尔斯泰那样以多疑的眼光，三言两语恶毒的话激起一个人的狂怒、扫兴和沮丧。

纵观托尔斯泰的一生，对于权威的挑战从来都没有停止过，哪怕是对那些大家公认的文学大师以及和他一样举足轻重的人物。

当着正在翻译《李尔王》的德鲁日宁的面，托尔斯泰宣称："只有鹦鹉学舌的人才会惊叹莎士比亚和荷马。"在当时的俄罗斯文坛，能够直接抨击莎士比亚和荷马的恐怕只有托尔斯泰一个人。

值得一提的是，托尔斯泰常常做出惊人的评价并不是要刻意地引起大家的注意而获得关注。事实上，他也是这么认为的。直到他晚年，他依旧这样认为。

在彼得堡期间，托尔斯泰完成了短篇小说《两个骠骑兵》的创作，刊登在《现代人》杂志第5期上面，涅克拉索夫说："托尔斯泰和我们度过了一些愉快的时光，而且他是个好人，怪癖正在减少。"

然而，在彼得堡，托尔斯泰除了和文学界的你来我往之外，依旧和先前一样，是上流社会的常客。他没有停止找女人寻欢作乐，出席音乐会。诗人费特在屠格涅夫家看见托尔斯泰的时候是上午10点，托尔斯泰还在睡大觉。托尔斯泰的行为让屠格涅夫都无法忍受了，他嘲讽道："瞧，这就是我们的新星。"

即使过着行尸走肉的生活，托尔斯泰依旧没有放弃剖析自己。就像是他不能和莎士比亚的追随者某些观点苟同一样，他始终没有彻底地堕落在风月场和赌桌上。

除了文学界的朋友，在彼得堡的亲戚们和托尔斯泰走得也很近，比如后来和他结下很深友谊的亚历山德拉。他们的友谊一直保持到托尔斯泰晚年。

1855年12月27日，托尔斯泰由作战部队转入彼得堡信号弹厂，这家工厂专门为海军部门和高加索边疆生产信号弹。这是一个近乎于虚职的工作，让托尔斯泰在工作方面毫无负担。

1856年1月12日，《现代人》第1期出版，上面刊登着托尔斯泰的《八月的塞瓦斯托波尔》，第一次使用署名"伯爵列·托尔斯泰"。

在《俄罗斯残废军人报》《北方蜜蜂》《彼得堡新闻》《莫斯科新闻》等报刊中，刊登的有关《现代人》第1期广告里，作者名字后面用括号加上了"列·尼·托"3个字，这表明托尔斯泰在读者中间受到了极大的欢迎。

即使是遭到托尔斯泰的恶意中伤，大家也尽量对他采取了包容态度。这一点是值得庆幸的，托尔斯泰生活在一个能容得下文学天才和思想激进者的时代，在某种程度上说，是时代造就了托尔斯泰。

之后，托尔斯泰本来可以被派往中国担当所谓的大使，实际上是侵略者的角色，托尔斯泰拒绝了。他的军官生涯走到了尽头，当时正是西方侵略中国时期，很显然托尔斯泰对这样非文明的行为坚决抵制。

军旅生涯的末期，托尔斯泰终于有惊无险地从战场上回到了现实生活中。他鲁莽的看似可笑的行为，恰恰表现了他对真理的追求和孩子般的真诚。

在那样一段时光里，他的生活偏向了文学领域，开始用大量的时间进行文学创作。无论在文坛扮演着怎样的角色，甚至是那些道貌岸然的人对他颇有微词也无伤大雅。彼得堡时期，托尔斯泰的成长，有目共睹。

他俨然已经成为文化圈子中的一员，人们记住了这个挑战权威的年轻人，同时又被他的作品折服。在这段时间里，他的眼界开阔了起来，人生走向也越来越明朗，之后的托尔斯泰定然是多一些选择，少一些徘徊和萎靡的！

3. 探索

1855年11月，托尔斯泰接到妹妹的通知，三哥米佳病重！托尔斯泰和米佳的关系一直都是若即若离，两个人已经一年多没有联系了。妹妹玛利亚说米佳生活放荡，得了肺病。

1856年1月1日，经历了工作调整的托尔斯泰终于能够请假回去看望三哥了。

1月9日，当他赶到奥廖尔的时候，米佳已经危在旦夕了。陪伴了哥哥两天两夜之后，托尔斯泰于11日离开了米佳的住所。

2月2日，三哥米佳去世，托尔斯泰万分悲痛。失去亲人的痛苦再次勾起了托尔斯泰那些惨淡的回忆和寂寞的心事。

"与其说他死于莫斯科几个月过的卑劣龌龊的生活，毋宁说是内心斗争，良心谴责摧毁了他那健壮的身体。"尽管相聚不多，托尔斯泰还是深深地理解着三哥的。

值得一提的是，对于兄长的怀念最后体现在托尔斯泰的作品中。《安娜·卡列尼娜》中的列文身上就带着米佳的痕迹。米佳死后三十年，托尔斯泰在一封信中这样说："米佳是一个富有情感的人，心是很圣洁的。"

看望米佳期间，托尔斯泰在莫斯科逗留了4个星期。在这里，他又结识了一些大作家。比如斯拉夫派作家谢尔盖·季莫费耶维奇·阿克萨科夫和康斯坦丁·季莫费耶维奇·阿克萨科夫。

他非常欣赏阿克萨科夫父子热爱农民生活、体恤农民的立场。他把自己写好的《一个俄国地主的故事》念给他们听，恳求他们指正。

同时，托尔斯泰也给这对父子留下了很好的印象。谢尔盖·季莫费耶维奇·阿克萨科夫写给屠格涅夫的信中说：

> 托尔斯泰伯爵是一个聪明的年轻人，既然是年轻人，就免不了有年轻人的毛病，这些毛病可能包括夸大其词、

懒惰、好斗，但无论如何，他都表现出了能够成为一个伟大作家的潜质。

回到彼得堡之后，托尔斯泰和迈科夫、安年科夫、冈察洛夫一起听了德鲁日宁新翻译的莎士比亚的《李尔王》。德鲁日宁开导托尔斯泰认识一下莎士比亚，托尔斯泰答应了，后来德鲁日宁开玩笑道："托尔斯泰想跟伟大的剧作家和解了。"

在彼得堡，托尔斯泰参加了涅克拉索夫为欢迎奥斯特洛夫斯基举行的午宴，并且和在场的人合影留念。这张堪称伟大的照片上几乎全都是俄国文学举足轻重的人物，他们是：屠格涅夫、冈察洛夫、格里戈洛维奇、奥斯特洛夫斯基、德鲁日宁、托尔斯泰。

时代的快门永远地定格了他们相聚的日子，即使后来托尔斯泰和屠格涅夫两个人经历了种种恩怨，即使这些作家之间，存在着思想上不同的观点和迥然的创作风格，可是我们可以透过历史依稀看得见那个伟大的时刻，感受得到午宴现场的浓厚的文化氛围。

但是，托尔斯泰似乎并没有因为大家的劝说对莎士比亚改变看法，他依旧很难不听从自己的内心，这样导致了后来一系列的冲突。

1856年3月19日晚上，托尔斯泰同《现代人》的隆吉诺夫发生了一次冲突，几乎闹到了要决斗的地步。

在涅克拉索夫家中，托尔斯泰等几个朋友在玩牌。这个时候，涅克拉索夫收到了一封隆吉诺夫的信，当时轮到涅克拉索夫发牌，于是他叫仆人把信拆开后交给托尔斯泰，然后让托尔斯泰念给自己听。

令人没有想到的是，信中隆吉诺夫写了和托尔斯泰的个人恩怨，还说托尔斯泰是个"废物"。当时，托尔斯泰什么都没有说，把信交给涅克拉索夫之后转身就走了。

回到家,他立即给隆吉诺夫写了一封信,信的措辞十分激烈,并且要求和隆吉诺夫进行决斗。涅克拉索夫想要阻止这场争斗,他和托尔斯泰说罪魁祸首是自己,是他不应该把信交给托尔斯泰来读。

但是,托尔斯泰还是把那封战书寄给了隆吉诺夫,对方并没有给他回复。这件事让他十分气愤,他一度想和彼得堡文学界断绝关系,永远不再用自己的名字发表任何作品。

后来,在朋友的劝说下,托尔斯泰想通了,可是他还是很想回到农村去。4月,托尔斯泰提出了申请请求休病假。5月16日,请假获得批准,上级准许了他8个月的病假,并且可以出国治病。于是,他立刻离开彼得堡回到了亚斯纳亚。

1855年,亚历山大二世登基,颁布"坚决保护历代先皇赐给贵族的权利"的法令。

可是,在人们的不断质疑声中,1856年3月19日的宣言中却是这样说的:"在法律的荫庇下,我们俄罗斯民族的每个人都将在和平环境中享受诚实劳动的成果。"

沙皇的话让解放农奴的呼声越来越高涨,以前只有进步人士关注这一话题,现在这个问题受到了各阶层的广泛关注,尤其是托尔斯泰。

早在1847年离开喀山大学的时候,他就想过要回到亚斯纳亚改善农奴的情况。这个想法一直都没有停止过。

托尔斯泰几次表示过对农奴制的不满,1856年4月25日他拜访了著名农民问题改革家米柳京,米柳京答应他想办法让内务大臣助理列夫申接见他。5月10日,他写好了解放亚斯纳亚农奴方案的报告,主要内容是：

"免除农奴的一切徭役，将土地分给农奴，农奴只要在合同上签字，合同马上生效，即可立刻获得自由。"

5月12日，托尔斯泰接到了通知，大臣说他可以提出详尽的方案，他将尽量予以批准。

托尔斯泰兴冲冲地回到了家，经过用心修改5月19日准备在他召开的第二次村民大会上公布，但是事与愿违，农奴的情绪都很低沉。

托尔斯泰感觉到农奴对他的不信任，6月3日，他找到自己乳母的丈夫贾布列夫，并且和他详谈。贾布列夫用"聪明人"惯用的眼神意味深长地看着托尔斯泰，并且微笑着说自己绝不上当。

农奴们都以为托尔斯泰是要骗钱，因而根本没有搭理他的计划，6月5日再次召开了一次村民大会，农奴们表示根本不同意托尔斯泰的条件。他们都对新皇上说的"大家都会获得自由"抱有期望，认为托尔斯泰是想用合同束缚住他们。

6月6日，托尔斯泰重新拟了一份方案，主要是为了迎合村民们的要求，并且他向农奴们承诺：

1. 农奴当时使用的土地永远归农奴所有。
2. 24年抵押期满，土地完全归农奴所有。
3. 农奴将成为自由土地的耕种者。

6月7日，托尔斯泰召集老人们开会，讨论这个新方案，依旧没有获得任何支持。

在6月10日召开的村民大会中，托尔斯泰的想法被坚决拒绝，第一次解放农奴的计划就这样破产了。

解放农奴失败了，在年轻的托尔斯泰心中，这次的打击给了他很深的烙印，也让他意识到农奴对自己的不信任。这段记忆直到他后来写《复活》的时候也没有被抹去，主人公聂赫留朵夫解放农奴的情景几乎是这段经历的复制。

坎坷的生活给了他写作的无限素材，尽管失败了，托尔斯泰解放农奴的脚步一直都没有停止过！

之后的日子里，托尔斯泰一直以读书为伴，整个1856年的夏天，他都是在农村度过的。经历了战场的硝烟和彼得堡的歌舞升平，这段日子让他的内心更加沉寂，也大大地扩展了他的阅读视野。

短短一个夏天，他一直都在阅读，普希金、果戈理及好友屠格涅夫的作品。

经过了一段时间的阅读和吸收，他决定重新修改在塞瓦斯托波尔写的小说《青年》。从夏天到秋天，托尔斯泰共修改了3次，9月24日，他把稿件寄给德鲁日宁征求意见。

对于德鲁日宁的判断力，他十分信任。在信里，托尔斯泰请求德鲁日宁给出严厉坦诚的意见，并且授权他可以划掉小说中多余的段落或者语言。这个权利他从来没有给过任何一个文友，包括屠格涅夫。

10月6日，德鲁日宁回信给予了小说极大的肯定，详细地指出了其中存在的优点和缺点，得到了这样的结果，托尔斯泰十分雀跃。解放农奴失败的阴霾一扫而去，他立即写信给《现代人》的巴纳耶夫，希望可以把《青年》刊登在杂志上。

从解放农奴失败到文学成果被肯定，托尔斯泰的内心经历了痛苦、失落、充实和雀跃。这一连串复杂的情绪，使他的创作水平得到了升华，让他有了不屈不挠的性格。的确，探索是曲折的，但是他依旧可以在近乎绝望的生活中看见希望。这就是托尔斯泰，在严酷的现实面前直面困难的勇士！

第四章 走向成熟

1. 自己的路

随着写作的不断深入，托尔斯泰越来越多地开始思考文学上的其他一些问题，比如说文学的使命以及他的革命任务。正在这时，发生在托尔斯泰身边的一件事，让他更加觉得这个问题的重要性。

1853年，著名作家车尔尼雪夫斯基开始担任《现代人》杂志的编辑工作，他坚持别林斯基的观点，认为文学是人民性，必须坚持现实主义原则，这个观点引起了德鲁日宁的不满。两个人最后决裂，德鲁日宁愤然离职。

德鲁日宁主张作品中采用真善美等永恒的话题，认为文学是"优美的艺术"。

对于发生在身边的这场论战，托尔斯泰在自己的创作笔记中写道："对一切能引起愤怒的事情，最好避开；对生活来说，有了不引起愤怒的事情——爱也就足够了，而我们这里的愤怒、讽刺、火气已经变成毛病。"

看着身边的人逐渐分成两个阵营，托尔斯泰选择远离这场纷争，并且坚持自己的原则。从他的字里行间我们能够看出他的观点是向德鲁日宁倾斜的，主张"爱"指导一切。

7月2日，在写给涅克拉索夫的信中，他说他十分讨厌《俄罗斯漫谈》这篇文章，而这篇文章正是车尔尼雪夫斯基写的。

信中，托尔斯泰用辛辣的语言抨击车尔尼雪夫斯基：

我无法赞成他的说法，他讲的净是些荒谬绝伦的东西。伟大的人物带给世界的有两样东西，一样是自己的独创性，另一样是无休无止的模仿者。别林斯基作为一个伟大的评论家，也遇到了如此多的低劣的模仿者，他就是其中之一。

7月22日，涅克拉索夫回信说自己非常遗憾，托尔斯泰用如此恶毒的言语来诅咒车尔尼雪夫斯基。后来托尔斯泰写信和解，这让涅克拉索夫十分高兴，他不断地对托尔斯泰施加影响，让他"为不敢讲和遭受屈辱的人们当辩护人"。

处在对立面的德鲁日宁则希望托尔斯泰朝着完全相反的方向走，最后，托尔斯泰没有接受任何一方的观点，而是坚持了自己的观点。

他没有成为别林斯基新的追随者，也没有接受德鲁日宁的建议和屠格涅夫一起掌控《现代人》。他一直坚持着自己的观点，哪怕是孤立无援的，他的文字一直都是独树一帜的。性格和才华，决定了托尔斯泰不可能成为任何一个所谓的有影响力的文学家的追随者，因为他注定只能被别人追随。

二十几岁是一个人最美的年华，1856年的夏天，托尔斯泰邂逅了一个美丽的姑娘瓦列里娅。一天，托尔斯泰好友季亚科夫到亚斯纳亚来访问，两个人一起交流管理家业的问题，同时，季亚科夫给托尔斯泰介绍了邻居阿尔谢尼耶夫家的小姐——瓦列里娅。

阿尔谢尼耶夫家共有3个女儿，1个儿子。他们的庄园叫作苏达科沃，距离亚斯纳亚只有8俄里。孩子们的父亲去世之后，托尔斯泰被指定为他们的监护人，瓦列里娅是这家最大的孩子，已经满了20岁。

托尔斯泰觉得自己已经到了找寻人生伴侣的年纪了，之后他总是去阿尔谢尼耶夫家，名为拜访，实则是想和瓦列里娅建立更深厚的关系。之后的两个月时间，托尔斯泰一直都在记录和瓦列里娅发生的一切，他一直都是犹豫不决的，一时无法确定两个人之间的关系。

虽然有朋友的介绍和看好，但是托尔斯泰依旧深刻地剖析了一下两个人的性格以及兴趣爱好等诸多因素。当他看着瓦列里娅在广袤的天地奔跑的时候，他觉得她是自然奔放、淳朴可爱的；当她对托尔斯泰说自己喜欢豪华的生活，喜欢在上流社会的舞会上抛头露面的时候，托尔斯泰又十分不情愿地感觉到了她的愚蠢和轻浮。

转眼间，秋天过去了，他许久没有收到瓦列里娅来的信了，于是他决定先提笔。他想要和瓦列里娅谈论一下生活的方式和婚后的畅想。

他介绍自己说，自己是一个精神上的老人，虽然年轻的时候做过许多蠢事，他依旧十分厌恶上流社会的污秽生活。并且他表明了自己投身文学的决心，认为这是自己毕生的道路和使命。

另一方面，他认为瓦列里娅喜欢袒露自己的肩膀，坐着四轮马车，戴着名贵的钻石，穿梭在上流社会的人群中。

两个人的生活有分歧，所以托尔斯泰提出了每年住在乡下7个月，住在彼得堡5个月。

尽管托尔斯泰想要努力地迁就瓦列里娅的某些观点和生活做派，可是两个人之间的人生观和价值观的差距依旧是不能忽略的问题。

终于在1856年的冬天，托尔斯泰经过深思熟虑，决定终止和瓦列里娅的关系。他觉得，一旦两个人结婚，他们之间的差距将演变成为裂痕，最后让双方都十分痛苦。

当年12月12日，托尔斯泰在写给瓦列里娅的信中说明了自己的意图，两个人这段恋爱关系结束了。

1856年，和瓦列里娅结束了恋爱关系。托尔斯泰的病假被允许了，因为解放农奴和恋爱的相继失败，托尔斯泰急于出去走走。他过了一段时间闲云野鹤的生活，最后决定出国游历。

1857年1月29日，托尔斯泰出发了。此行历时半年，游览了法国、瑞士、德国等等一些地方。

托尔斯泰把第一站定在了华沙。从莫斯科到华沙一共是1269俄里，托尔斯泰走了5天，路上一直在思考着一个问题，就是《失落者》的创作问题。到了华沙，他给正在巴黎的屠格涅夫发了电报，得知屠格涅夫将在巴黎久住。于是，他在2月9日就赶到了巴黎。当时，在巴黎的还有涅克拉索夫。

在法国，和涅克拉索夫还有屠格涅夫的相处也远远没有想象的融洽和美好。当天，托尔斯泰急匆匆地去见两位久别重逢的朋友，可是当三个人相见的时候并没有像预期的那样亲密和快乐。

屠格涅夫和涅克拉索夫面色忧郁，眉头紧锁，对于生活满腹牢骚郁郁寡欢。这些不良情绪让见面的气氛十分压抑。两个人好像都对生活充满了抱怨，又找不到可行的解决之道。一向乐观的托尔斯泰觉得和他们之间的距离一下子被拉开了。

尤其是屠格涅夫，他性格温和，为人仁慈，遇事总是采取最柔和的处理方式。所以，他在文学圈子里的人缘非常不错。但是在托尔斯泰看来，屠格涅夫几乎是患上了神经敏感的病症，这样的病加上他柔和的性格，让人感觉十分不舒服。甚至，可以说，他开始怨天尤人，伤春悲秋。

在国内待了一段时间的托尔斯泰，虽然经历了解放农奴和恋爱的失败，但是出国让他的心情十分愉悦。面对屠格涅夫和涅克拉索夫的忧心忡忡，托尔斯泰一时不知道该如何与之相处了。

如此，三人开始产生隔阂。

屠格涅夫在写给好友的信中一开始说："我第一次看到托尔斯泰的作品时，我决定和这个年轻人亲近些，可是，后来发生的一切都让我始料不及。不过，此时此地，托尔斯泰向好的方面已经有了相当大的变化。"不久之后，他又说："令我苦恼的事情又发生了，我怀疑这件事会一直困扰我，尽管我们有如此多的共同点，可我们依然无法亲密无间，因为我们在有些事情的看法上始终无法统一。现在如此，将来也会如此。"

尽管他们经常见面，并且还一起出门，两个人明明都有相互接近的愿望，可就是接近不起来。

在托尔斯泰的一生中，屠格涅夫是一个不可或缺的人物，他是托尔斯泰的好友，也是文学上的同道人。屠格涅夫比托尔斯泰大10岁，两个人的关系一直是时好时坏。

在文学史上，两个人都是俄国文学史上重量级的人物，文学成就也不相上下。可是，他们的处世态度和性格，注定了在相处中必然存在波折和不愉快。在以后的日子里，他们经历了争吵、复合、决裂然后又释怀的过程。两位作家的相处可以说是一本书，诠释着作家和作家之间特殊的友情。

屠格涅夫不喜欢托尔斯泰的尖锐和激进，他认为托尔斯泰是人群中的异数，是一个不成熟的人。托尔斯泰认为屠格涅夫的性格十分软弱，心中充满了矛盾，对生活有时悲观失望，有时乐观向上，没有坚定的意志。

两个人迥异的性格和创作风格让他们的故事变得有趣，也成为后人津津乐道的一段情谊。

从解放农奴失败到恋爱终止，再到出国拓宽视野，托尔斯泰仿佛一直都是人生这条路上不屈不挠的探索者。他似乎一直都是单枪匹马地直面凛冽的生活，不苟同，不绝望。

在他身上最可贵的就是没有把生活的一切不顺归结为社会现实，尽管一个人的力量是弱小的，但是他似乎一直都没有怨天尤人过。也许正应了那句话："抱怨的人不成功，成功的人不抱怨。"

2. 游历

托尔斯泰在巴黎住了2个月，起初他对巴黎的印象十分好，认为法国是一个"自由、平等、博爱"的国家。对于一个一直对法国文化有着深深的向往之情的人来说，徜徉在塞纳河畔聆听着历史和岁月交融的声音，可谓一件幸福的事情。

他在写给友人鲍特金的信中说："我仍旧住在巴黎，已经快2个月了；我无法预料：什么时候这个城市才会让我真正地失去兴趣，这种生活才会失去它的魅力。我是一个十足的不学无术的人；我在任何地方也没有像在这里强烈地感觉到这点……艺术上的享受，卢浮宫、凡尔赛宫、高等音乐学院、四重奏、剧院和索尔蓬纳里的讲课。"

可是后来一次糟糕的经历让他的想法彻底改变了，他意识到了，法国有着和俄国一样的蒙昧无知、血腥残忍。这种看法的改变来自于他目睹了巴黎断头台的一次行刑。这件事急剧地改变了他对巴黎的看法，他这样记录着这次不愉快的经历：

"今天早晨，我做了一件必定让我终身后悔的事情：我居然去观看了执行死刑的过程。如果说在战场上杀人是为了祖国的荣耀，我实在无法理解，在公开的场合处死一个人是为什么？"

他不是冰冷的刽子手，不是战场上鲁莽的武夫，托尔斯泰干净的性灵让他对这件事尤其敏感。这件事发生在他一直非常喜爱的法国也让他十分失望。

后来他评论说："所有的政府，就其善恶而论，都是一模一样的。"这之后，托尔斯泰的观点一直都是主张无政府主义的。他也真的再没有涉足过政治，并且没有为任何一个政府效力过。

看完死刑之后，托尔斯泰几天吃不下饭，那种厌恶之情驱使着他离开巴黎。他心很乱，想找一个能够谈心的人说说心里话，于是他想到了当时在日内瓦的堂姑妈亚历山德拉·安德烈耶夫娜·托尔斯泰娅。

亚历山德拉·安德烈耶夫娜·托尔斯泰娅和托尔斯泰的感情非常深厚，托尔斯泰一到日内瓦就对自己的姑妈说："我是从巴黎直接来找你们的。巴黎那么使我厌恶，险些使我的精神失常。那儿的一切我都看够了！"

初到日内瓦的两天，托尔斯泰向亚历山德拉发牢骚，倾诉内心的郁闷。他用蔑视的口吻陈述着自己所看到的。首先，在他的住所，住着36个家庭，其中有19个居然是非法同居！这让托尔斯泰十分愤慨，他觉得这样的行为不道德，而且是人品层面上的问题。

接着，他告诉亚历山德拉姑妈自己去看执行死刑的情景，看完之后就有想要躲避这个世界的想法。于是他想到了姑妈，就马不停蹄地赶来了。

亚历山德拉在她的回忆录中写道："的确，他把心里话都说出来之后，就很快平静下来了，我们一起过得好极了。"

托尔斯泰很欣赏亚历山德拉姑妈的为人，他在4月12日的日记中写道："她的微笑美极了。"甚至托尔斯泰还表示过，如果亚历山德拉姑妈年轻10岁，自己会深深地爱上她。可见，亚历山德拉的性格在托尔斯泰眼中是十分可爱的。

看着自己心爱的侄儿从远方赶来，姑妈的心情也是欢喜雀跃的。两个人虽然是辈分有别的亲戚关系，可是他们更像是心灵相通的忘年交。在托尔斯泰回去之后，亚历山德拉经常给他写信。

两个人一直维持着这样的友谊，直到1904年亚历山德拉姑妈去世。

1857年4月21日，托尔斯泰决定和亚历山德拉姑妈一起乘船去克拉兰，在那里他逗留了两个月。

旅途中的碧海蓝天，让托尔斯泰赞不绝口。他感受到了天地的广博，生命的可贵。看着碧海蓝天，内心对生活的敬意油然而生。他开始思考自己的过往以及未来和生活的意义。

对于曾经的荒唐生活，他感叹逝者如斯，浪费了许多时间。在大自然的怀抱中，托尔斯泰意识到，应该处处感受到爱。对自己的爱，对生活的爱，对天地万物的爱。只有将爱埋在心底，生活才会异彩纷呈。他想到了未来，想到了自己余下的生命。

他要长久地活下去，就连呼吸和每一个微笑的动作，都应该和天地万物同舞。在美丽的欧洲,他最喜欢坐在湖光山色的优美画卷中,细细地品味着自然的芬芳,聆听细水长流的天籁之音。有时候,他甚至觉得,这一切美好的景观把他内心的空间变得无限广阔而纯净了。

每天,他都要到处游历。脚步是匆忙的,生活却是悠闲的。他和11岁的男孩商量,请求和他一起逛逛。因为,他想走进孩子的世界中去。他的行囊里装着日记本和笔,回到旅馆或者休息的时候,他都要写一些见闻。

从5月27日到6月6日,这次游历足足有11天,回到克拉兰之后,他还在回味着一路的点点滴滴。

旅行是很好的充电过程,接下来,他计划写5部作品:《逃亡的哥萨克》《发疯者》《狩猎场》《青年》第二部和《旅游日记》。

6月30日,托尔斯泰带着美好的回忆离开了克拉兰,回到日内瓦。3天后,他又去了伊维东,然后就到了瑞士,当时亚历山德拉姑妈在那里。7月6日,他到了著名的瑞士城市卢塞恩,这座宁谧的小城,被大仲马称为最美的蚌壳珍珠,同样也吸引了敏感的托尔斯泰。

今天,托尔斯泰赞美这里的一句话,成为这座城市的宝贵文化财富,也因此让这里弥漫了浓厚的人文氛围。

他说:"卢塞恩的这片水,这群山,这蓝天,给我的是那样强烈的美的刺激,我全身蔓延着神秘的焦虑,某种杂乱的、不可名状的感情,以致我想抱住她,紧紧地抱住她……"

在瑞士小城卢塞恩,托尔斯泰不仅欣赏了旖旎的风光,同样也留下了一部短篇名作《卢塞恩》。一天,他被一个流浪歌手的歌声感染,又目睹了英国富翁不愿给这位流浪的歌手起码的施舍,回到旅馆，怀着愤怒复杂的心情写下了这篇小说。

小说中，有一段描写十分优美：

> 突然，一段美妙动人的乐声把我惊住了。这乐声顿时使我精神振奋，仿佛一道欢乐的强光，射进我的心房。我感到轻松愉快。我那沉睡的注意力重新注意到了周围的一切。美丽的夜景，迷人的湖水，我刚才还无心欣赏，这时一齐涌进我的眼帘，我感到心旷神怡。
>
> 在这一刹那，我忽然发现月亮正在冉冉升起，清光照着幽暗的天宇，深蓝色的天幕上有几缕灰色云彩漂浮着，湖面如镜，墨绿色的水面上灯光闪烁，远山迷蒙……
>
> 我走上前去，乐声变得更加清晰了。我清楚地听得到辽远的、在夜空中颤动着的吉他悦耳的和音，还有几个人在轮唱，歌声此起彼伏。
>
> 吉他令人心荡神移的轻微的和声，这美妙动听的轻捷的旋律。这黑沉沉的湖水，清澈的月色，悄然矗立着的两个高塔尖顶和花园中黑黝黝的影子——这一切既奇怪又说不出的美妙，也许这不过是我的感觉。

每个人在面对音乐的时候，总会有或多或少的动容。这段音乐描写，让我们看见的不只是托尔斯泰的文学才华，也看到了他的音乐修为。一个好的作家，必定是一个对各类艺术都十分敏感又有着独到见解的人。

面对如此曼妙的音乐，托尔斯泰动容了。可是当乐曲演奏完毕之后，周围的人不但一分钱都没有给流浪艺人，还哈哈大笑起来，嘲讽的笑声在音乐戛然而止之后尤为刺耳。

流浪艺人垂头丧气地走了，托尔斯泰追着他，请他陪自己喝杯酒。在喝酒的时候，侍者都讥笑他们，这让托尔斯泰勃然大怒。回到旅馆之后，写下了这篇小说，如此，一座城市因为一篇小说而声名大噪。

在国外期间，托尔斯泰依然饮酒赌博。在德国的巴登，他输掉了身上所有的盘缠，不得不向一个法国人借钱。后来又输光了，他不得不向亚历山德拉姑妈借钱。

因为赌博，托尔斯泰的良心受到了极大的谴责，他羞愧不已，亚历山德拉安慰了他，同情他面对生活的迷茫。因为姑妈的开导，托尔斯泰渐渐想开了。

7月8日，他启程回俄国。

这次出国的经历，让托尔斯泰真正了解到了书本上描写的那个模模糊糊的欧洲。他非但没有看到比俄国"自由、平等"的社会，而且还意识到了，法国和瑞士等其他一些国家的阴暗面不比俄国少。

托尔斯泰第一次走出国门，视野和观念得到了很大的改变，生活阅历不断丰富。他渐渐地懂得了人生的意义和使命，明确了自己对于政治的态度。在后来的日子里，他选择了将爱传播给他人，帮助他人，成了一个敢于担当的人。他的文字开始变得深刻而宽阔起来！

3. 新的事业

从《塞瓦斯托波尔的故事》获得成功之后，托尔斯泰就进入了创作的低迷期。之后，相继发表的一系列小说《暴风雪》《两个骠骑兵》《青年》《被贬为列兵的人》《三死》等都反响平平。

这些小说有的引起了许多不好的评价，这让托尔斯泰的创作信心一度丧失。他认为自己作为一个文学家的生涯就此结束了，他的创作热情也渐渐地消退。

"有时候，我会觉得，到现在为止，我作为作家的生命已经结束了。我能感觉到我对创作的热情的消失。我相信，我的创作能力仍然还在，创作技巧也日臻成熟，可是，每当我拿起笔想要写作的时候，我就发现，我的头脑中有一种反抗的声音，它非常明确地告诉我：你，已经被艺术之神抛弃了，你作为作家的使命已经结束了。我开始想过另一种不一样的生活，想要开创不同的事业。"

早在1849年，托尔斯泰就观察到俄国社会的文盲率非常高，农奴的孩子们没有接受教育的渠道，想要改变这种现状最好的办法就是兴办学校。

而官办的学校，老师的水平非常低，根本不懂得教育是什么，教学效果可想而知。经过思考，托尔斯泰决定兴办学校，改变教育落后的现状。这不是他的一时冲动，这一想法酝酿已久。

他一生中曾经三次致力于办学。1849年的时候，他力不从心而失败，10年后，他决定再次尝试。

当时，农奴是地主的私有财产，他们的孩子无处上学，只能拜粗通文字的退伍老兵或者教堂的职员为师，而且他们收的学生也十分有限。

对于托尔斯泰的举动，农奴们起初都抱着怀疑的态度。他们觉得托尔斯泰是要用这样的方式剥削他们。哪里有这么好的人，兴办学校却不收取任何费用。几百年来，农奴的心已经在地主的剥削下变得麻木了。他们不敢相信这是真的,本能地认为托尔斯泰另有目的。

一些农奴质疑托尔斯泰的动机,他们猜测老爷是想教会了他们的孩子,然后让他们去打仗,好博取皇上的赏赐。

托尔斯泰几经奔走,终于说服了农奴们,其中一些人决定把孩子送到学校里来了。

办学的想法不是一时冲动,之前托尔斯泰做了很多的准备,仔细了解这方面的讯息和方法。他不仅希望能够改善农奴的孩子们的教育现状,也希望开始一种新的相对自由的教育模式。

托尔斯泰希望学校的老师和同学们都能够有充分的自由,根据自己的愿望和兴趣,教授和接受自己喜欢的知识。学校没有固定的出勤时间,一切都以学生自己想学习为准。老师有权管教学生,但是不准体罚。师生之间,必须保持一种健康、平等的关系。

学校的课程设立齐全,有读书、书法、语法、创世纪、教学、绘画、唱歌、制图等等,后来又加了俄国历史故事和自然科学漫谈。

课程主要集中在上午,学生们应该到校,但是没有硬性规定,全凭自觉。夏天耕种繁忙的时节,学校放假。孩子们可以帮助家里干活,比较小的孩子也可以来上课。

托尔斯泰还为学生们准备了单杠、双杠等体育运动的器材。他希望学校是孩子们的乐园,是文明的精神家园。

与此同时,托尔斯泰还允许学生们耕种,收获的果实归自己所有。那时候,亚斯纳亚的土地上,到处是欢声笑语。孩子们快乐地劳作,托尔斯泰看着孩子们健康地成长,感觉之前所付出的都是值得的。

这期间，托尔斯泰写了《11月和12月的亚斯纳亚·波利亚纳学校》来记录这期间难忘的生活：

"我把我的学校设在石头房子中，我用其中的两间作为教室，另外一间作为办公室。学校，在这段时间里已经成了我的新生命，它占据了我全部的时间。作为作家，我在一段时间内感受过生命的激情和充实，感受过没有虚度的时光。自从学校成立以来，我感觉生命又像是能被我掌控一样。我还在楼下放了一些体育器材，学生们看到这些体育器材时惊奇的眼光我一辈子也无法忘记。我想，一个人应该有接受教育的权利。

"最初，我觉得这些学生能来到我的课堂就是成功。不过，经过一段时间的授课以后，我惊讶地发现，学生的学习能力远远要超过我的预期。并不是说他们有多优秀，而是说他们的学习能力。脑袋里什么也不装学习得更好？还是原来根基牢固比较好？我现在相信，对于一个学生而言，他的脑袋里什么也不装对他比较好。另外，对于他们来说，比起农活，学习毫无疑问更是一件让人快乐的事情：没有繁重的劳动，有故事可以听……

"在我的学校里，没有任何一个人受到过任何的呵斥，这是我最值得骄傲的事情。在我的学校里，没有任何一个人毫无理由地迟到或者早退，这是另一件值得我骄傲的事情。早晨，当我迎着朝霞来到教室，我总会惊奇地发现一定有人比我更早地来到教室，他们——农奴的孩子们，充满了求知欲、好奇心；他们——农奴的孩子们，一点也不比那些自认为高贵的贵族学习能力更差。我记得，有一次我上课，有一个孩子气喘吁吁地跑进教室，推开教室的门，可怜巴巴地看着我，问我他可以进来吗。我说当然可以。他的眼泪就在眼眶里打转，这是一个孩子最真诚的眼泪，为了迟到而流下的眼泪，多不可思议。"

在学校一开始招收学生的时候，只有22人，到了1860年3月发展到了50人。学校的事情开始变得越来越多，分工也越来越细，规模不断地扩大。托尔斯泰不得不物色新的助手来帮他。

托尔斯泰找到了一个得力助手，叫作彼得·瓦西里耶维奇·莫罗佐夫，他毕业于图拉神学院，之后托尔斯泰不在亚斯纳亚的时候，学校的事情就由他全权负责了。

从1861年5月到1862年5月，学校发展为21所，这个速度是托尔斯泰本人没有想到的。为了推广办学经验，宣传自己的思想，听取意见，托尔斯泰决定创办一家杂志，以亚斯纳亚·波利亚纳的名字来命名。

1861年6月，新杂志获准出版，各报刊上刊登了新杂志的广告，1862年1月，这份杂志正式出版，第一期稿件通过了书报检查机关的审查。第一期于1862年2月和读者正式见面。

有了新的杂志，学校的知名度进一步被提升了，可是与之不相符的是办学的条件。当时学校校舍几乎是设在农舍里的，教师们都是来自于学校被开除的大学生，他们不得不和当地的农民住在一起。

当时，教师的工资很低，每个月的收入也不过1000戈比左右，除了工资之外，一些教师还在《亚斯纳亚》杂志上发表文章，这样可以获得稿酬。

虽然办学条件十分简陋，可是托尔斯泰的办学热情和无私的情怀依旧感动了当时的老师们。大家都爱上了自己的工作，喜欢亚斯纳亚的教学氛围。

1862年秋天，学校已经有12位老师了，托尔斯泰在写给亲友的信中介绍说，这12个人，除了其中一个，其他人都是优秀的。并且，托尔斯泰十分欣赏一位叫作克勒的德国人，认为他的实验和教学方法都是值得推介的。

学校里的学生们成绩都很好，学生们对知识的渴求也很强烈。有的学生天资不错，加上后天的努力，入学第一天就学会了读写基本的字母。两个星期后，就能开始阅读童话故事。

学校专门设置了土地测量课程，这给农奴们的生活提供了很大方便。学生们可以很好地把学习和实践相结合，感受到学习知识的快乐和满足。

因为办学的成功，托尔斯泰受到了极大的鼓舞，他又有了新的想法，想成立国民教育协会，进一步宣传自己的教育理念。可是，当时的俄国是不允许有这样的一个协会存在于民间的，计划马上就流产了。

在同学们的眼里，学校是个愉快的地方。起初，他们对托尔斯泰有一些畏惧。认为他是老爷和老师，可是接触两天，他们发现这位老爷根本没有架子。有时候，托尔斯泰和他们一起玩耍，互相开心。在他们眼里，这个托尔斯泰是可爱的大男孩，乐观、活泼。

根据莫罗佐夫回忆，托尔斯泰那时还经常和同学们谈自己的童年和经历，给他们讲小绿棒的故事。并且，他还非常坦诚地对学生们说，希望把自己的土地分给农民所有，解除这种剥削关系。

托尔斯泰表示，自己的理想是在村边建一座农舍，娶一个农家姑娘，从事农业生产、劳动。学生们听了托尔斯泰的理想，甚至还为他物色过亚斯纳亚的姑娘们。

后来，在自己的小说《安娜·卡列尼娜》中，托尔斯泰借着剧中人物列文之口表明了自己这一理想。可见，托尔斯泰的心中一直都有着务农的想法。他认为靠自己的双手进行劳作是一件十分光荣的事情，并且只有这样生活才算是回到了淳朴的最初。

1863年秋天，学校解散。一方面是因为托尔斯泰的办学热情已经失去了，他发现自己的文学生涯还没有走到尽头。另一方面，是后来妻子对于办学这件事的反对。

学校招来的那些大学生，因为学校的解散也纷纷离开了亚斯纳亚，到别处继续从事教育事业了。

托尔斯泰晚年的时候，比留科夫要为他写传记，托尔斯泰表示，希望能够把自己对于这些大学生的回忆也写进传记中。他说这些大学生是纯洁的，并且富有自我牺牲精神。

办学，在托尔斯泰的一生中占有举足轻重的作用。后来学校解散了，他一生仍十分关注教育事业，重视孩子们的成长和教育。高超的文学素养和高尚的人格，使他成了一名合格的教育家。

第五章 转折时期

1. 第二次出国

如果说托尔斯泰第一次出国是想出去开拓视野和散心，那么第二次出国的原因就被动很多。大哥尼古拉病了！

1860年，他在写给德鲁日宁的信中说："春光明媚，似乎应该万事如意，可是就在这时可怕的悲痛降临在我们头上。您知道，我一个哥哥死于肺病，今年尼古拉大哥又显露出完全相同的症状，而且以可怕的速度加剧着。"

这时的尼古拉已经去德国索登养病了，二哥谢尔盖也在国外。

8月末的时候，托尔斯泰接到了大哥的来信，医生建议大哥去法国南部的基厄尔疗养，托尔斯泰决定陪着哥哥同去。9月6日，托尔斯泰和哥哥妹妹们一起到了基厄尔，在基厄尔，他又开始写小说《哥萨克》了。

基厄尔温暖的海水和怡人的风景并没有挽救尼古拉的生命，9月20日，尼古拉逝世，托尔斯泰十分悲痛。

尼古拉去世之后，托尔斯泰住在了妹妹家的别墅里，当时在别墅里住着一家俄国人。他们姓普拉克辛，男主人是个团长。他们家的孩子谢廖扎常常和托尔斯泰一起玩。

1903年，谢廖扎出了一本自己的回忆录，回忆了和托尔斯泰在一起的日子。他说当时托尔斯泰喜欢早上起来就写作，剩下的时间都是和孩子们玩耍。除了谢廖扎之外，托尔斯泰妹妹家的3个孩子也和他们在一起玩儿。

有时候，托尔斯泰会教他们一些东西，比如说画画或者是读书，常常讲故事给他听。

当时，托尔斯泰常常离开基厄尔去马赛，主要目的是参观当地的学校。托尔斯泰对当时学校的管理方式不是很赞同，他这样写道：

"4岁的孩子，应该接受什么样的教育？像士兵一样按哨音在大长桌子旁边做动作？还是该用奇奇怪怪、哆哆嗦嗦的声音给上帝唱赞美诗？这种教育方式简直糟糕透顶，是在毁灭人性。孩子童真和善良的心并不是用来做这些机械的事情的，而应该感受大自然的美好，文字的美妙。"

考察完学校，托尔斯泰喜欢在马赛大街上游荡。他去书店、去咖啡馆。

大家看着托尔斯泰到处游荡好像是很活跃的样子，谁也无法窥视到他的内心有多么的难过。那是思想上的一个消沉期，尼古拉的死几乎让托尔斯泰陷入了人生的又一次谷底。

他对大哥十分敬重，甚至，他也想到了死。生命的绝望之处，托尔斯泰想到了死亡，想到了人为什么会死，人为什么会受到病痛的折磨。这些问题似乎永远都不会有一个标准答案，在马赛的大街上，没有人知道这个面色平静的男人，其实心中有多么的伤悲。

他的心，强硬、执拗，同时又是那么的敏感和重情义。尼古拉的去世，让托尔斯泰感觉，悲伤就像是呼吸一般，如影随形。

10月25日，在他的日记中这样写道："死亡，可怕的死亡再一次降临在我的身边。尼古拉去世了。我不知道该怎么形容我现在的心情。我有时候宁愿不相信这是真的，宁愿麻醉自己的神经，宁愿相信他去了另外一个神秘的世界，过更好的生活去了。另一个世界？它在哪里？它是不存在的，并不存在。即使存在，谁又能知道那里的人很幸福？我想写作，发了疯似的想写作。想用写作让自己重新变得强大起来，想用写作忘记所有的烦恼。我找不到我的生命，找不到它存在的价值，找不到这一切背后的原因。我写不了，写不下去，写不出来。拿起笔，我的思绪就像是一团麻，找不到可以着手的地方。我越是想写越写不出，越是感觉到生命的荒唐和无聊，越是想通过写作让自己感觉到生命的真实，却越写不出来。"

在悲伤的泥潭中，托尔斯泰同样也是挣扎的，后来，他又写道：

"写作。写作。写作。我必须强迫自己写作，别无他法。死亡，是我面对的最尖锐的问题，只有写作，能让我理解它。"

接着托尔斯泰强制给自己任务，"午饭前写第一章"。但是这些预期的目标并没有达到，当时他写了什么，后来也没有流传下来。我们就权当他写下的是自己那一腔对兄长的深深怀念之情吧！

冬天的时候，托尔斯泰离开了基厄尔到达尼斯，从尼斯辗转到佛罗伦萨。当时姑妈亚历山德拉和公主住在那里，托尔斯泰在那里待了两个月。

在佛罗伦萨，托尔斯泰结识了十二月党人沃尔孔斯，他是托尔斯泰的远房亲戚。十二月党人沃尔孔斯的曾祖父是托尔斯泰的曾外祖父。这位年迈的沃伦斯基公爵一生命途多舛，和自己的妻子演绎了一场可歌可泣的爱情故事。

当年，他被流放到了荒无人烟的西伯利亚，他的妻子义无反顾地随他而去，现在他已经70岁了，披着长长的白发，感觉像个神秘的古代先知。

托尔斯泰喜欢这位老人，在他沧桑的眼神中，他看见的居然是孩子般清澈的眸子。这个饱经风霜的老者，看透了所有的疑惑和悲伤，也看透了人生离合。对于当时的托尔斯泰，和老人交谈能让他悲伤的灵魂获取片刻宁静，他渐渐地看开了不少。

此外，在佛罗伦萨，他还结识了画家尼基京。托尔斯泰说他"很有才华"，两个人相处很愉快，尼基京还给远道而来的托尔斯泰画了画像。

之后，他离开佛罗伦萨，去了里窝那。在这里，他来到美丽恬静的那不勒斯。这是一个能让时间的流淌缓慢而优雅的地方。在这里，空气中洋溢着轻松和欢快，街头歌手的歌声，美丽的景色相映成辉。托尔斯泰常常漫步在街上，寂寞地思索着。

接着，他到了罗马。很快，他被罗马的艺术气息感染了。在过去的一年半时间里，托尔斯泰一直抱着对艺术的怀疑态度，罗马彻底打消了他的这种念头。初到罗马，他感觉到这是一座哪怕是废墟也能闪闪发光的城市。这里到处是历史遗留下来的废墟。

在这里，他结识了来自俄国的画家，鲍特金。鲍特金带着他在罗马畅游，很快，托尔斯泰爱上了意大利，爱上了罗马。

1898年，一位德国传记作家采访托尔斯泰的时候，他阐述了自己的罗马情结：

"罗马，代表着一种不死的精神，并不是名望，也不是城墙，那是人，是人性。我曾经从这里出发游历意大利，踏上路程时，我对自己说，我要寻找时间和历史，不过，这种念头渐渐淡漠了。人，这种生物越来越让我着迷。我不得不对自己承认，真正让我感兴趣的不是历史和城墙，不是那些印记，而是人本身。"

在托尔斯泰具有独特洞察力的眼神里，人是最美的风景，是最复杂的集合体。他醉心的不是罗马的风景和悠久的历史散发出来的震撼力，而是当时在平乔山上散步偶尔遇到的一个极其可爱的孩子。对人，比对任何艺术品都感兴趣的托尔斯泰一生都在倾尽笔力描写人，正因为如此，列宁称他为"俄国文学的镜子"。

他的笔法诚实而磊落，像是一面镜子，直观地照射一些东西，也间接地折射出了另外一些东西。

离开罗马之后，托尔斯泰回到了基厄尔。然后在春天来临之前，他又去了巴黎。

此行来巴黎的目的不再是和友人们相聚，而是考察当地的教育状况，当时托尔斯泰最牵挂的是亚斯纳亚学校里的孩子们。

托尔斯泰的档案里，留存着法国教育部两位职员写给他的信件，托尔斯泰曾经申请过参观巴黎学校。在一所学校，托尔斯泰还给孩子们出了作文题目，并且把孩子们的作品带回了亚斯纳亚。

在巴黎期间，他收获颇丰。首先，他认为教成年人一些简谱，让他们唱歌是一件很有意义的事情。其次，他买了许多教育方面的书籍，请别人寄到彼得堡教育部去，以便回去的时候他能取回来，带回亚斯纳亚。

这期间，他依然和屠格涅夫保持着密切的往来。在屠格涅夫写给友人的信中，这样介绍道：

> 几天之前，托尔斯泰来到我的住所。我们已经有好久不见。他并没有变化，同时，他变成了另一个我感觉相当陌生的人。他的那些怪癖一点儿没变，仍然让人感觉挠头。不过，尼古拉的死对他影响深远。死亡，对一些人的触动是短暂的，但对托尔斯泰，我能感觉到，这种触动深远、辽阔，甚至从根本上让他变成了另一个人。才华，

托尔斯泰从来不缺少。在远离他的这段时间里，我有时会想，如果托尔斯泰改正了自己的那些毛病，他会有更远大的前程。每当这时，我总是忍不住笑话自己，人，怎么可能从根本上改变呢？这次，我却分明感觉到，一个人，是可以从根本上改变成另一个人的。他带来了最近的创作，我感到万分惊讶：这个人的创作才华源源不断，他写得更好了，更深刻，也更规整。我确信，他将成为俄国历史上伟大的文学人物，只是，不知道到底能伟大到什么程度。

然而，当时的托尔斯泰一心想要办学，扩大学校的规模，这期间，写的作品都是零零散散的一些东西。

1861年3月1日，托尔斯泰离开了巴黎，前往伦敦。来伦敦的目的依然是考察当地教育情况。

至今，英国教育部职员写给他的介绍信依然被保存着。牛津大学的教授阿诺德也给托尔斯泰开过介绍信：

　　我十分感谢上述学校的老师们，如果他们能给拿此信的人，俄国来的绅士托尔斯泰伯爵提供参观学校的机会并对他感兴趣的问题予以说明的话。托尔斯泰伯爵对教育问题感兴趣，他特别想详尽了解自然科学的教学法。

托尔斯泰对伦敦和巴黎的教学方式进行了很好的吸收和借鉴，这期间他寄回亚斯纳亚大量的资料和书籍。虽然在国外游历和办学的过程中，他的文学创作进程一直都没有很大的进展，这期间也鲜有著名的作品问世，可是丰富的经历和高昂的办学热情还是让托尔斯泰感觉十分充实。

他积累了大量的资料，以后，无论是从《复活》还是从《安娜·卡列尼娜》中，我们都可以看见，托尔斯泰办学时期的某些观点,以及在国外期间所见所闻的真切感受。

2. 游历归来和做调解人

在伦敦,托尔斯泰有机会听了他心爱的作家——狄更斯的演讲。自从走上文学之路,托尔斯泰就十分钦佩狄更斯的才华和创作风格。

天生喜欢交友的托尔斯泰在伦敦结识了赫尔岑,两个人经常见面。赫尔岑也是俄国人,并且被列宁称赞为"在俄国革命的准备上起了伟大作用的作家"。和对狄更斯一样,托尔斯泰对赫尔岑同样仰慕已久。

来到伦敦后,托尔斯泰迫切地想要见到赫尔岑。第一次去拜访的时候,他并没有说出自己的名字,只是说自己是一个慕名拜访的俄国人。赫尔岑没有见他。

第二次来拜访的时候,托尔斯泰递上了名片,赫尔岑一听到列夫·托尔斯泰这个名字就从楼上飞奔下来,难掩兴奋。

在赫尔岑写给屠格涅夫的信中说:"跟托尔斯泰已经是近交,我们开始争论了。他固执,爱发怪论,但是憨厚。连我5岁的女儿小丽莎也喜欢他,管他叫'列夫斯泰'。不过他解决问题的方式,总是像塞瓦斯托波尔似的靠勇猛攻击解决。"

在托尔斯泰的回忆录中,我们也可以找到有关赫尔岑的话语:

赫尔岑聪明、风趣、深刻,这是怎样有趣的一个人?

跟他谈话是我有生以来最快乐的时光之一。他总能说出让你感觉到不可思议,然而只要你思考就会表示赞同的话。智慧是什么?智慧是罕见的一种东西。博学并不少见,也不太稀罕。我见过博学的人,见过聪明的人。不过赫尔岑是另一种人,是智慧的人。他的头脑里总能闪现智慧的火花,然后这种火花就开始燃烧我们的谈话,这真让人愉快。在此之前,我从未见过智慧的人。在此之后,我非常确信,我将再也见不到智慧的人。

有了赫尔岑的陪伴,托尔斯泰在伦敦逗留了一个多月。这期间,几乎每天他都要到赫尔岑家里去。他们时而高谈阔论,谈笑风生,时而剑拔弩张,面红耳赤。

1861年3月5日,托尔斯泰离开伦敦,在报纸上他看到了解放农奴的报道。在写给赫尔岑的信中说:"你看了那篇解放农奴的细则吗?我认为这是一篇毫无用处的废话。"

可见,托尔斯泰对于政府那些冠冕堂皇的政策很不买账,他认为要想解放农奴必然要采取一些实实在在的措施,那将是一场社会的大变革。

离开伦敦,他来到布鲁塞尔,拜访了当时法国的社会主义者,也是第一个自称"无政府主义"的人——蒲鲁东。

一次,托尔斯泰和蒲鲁东聊起俄国解放农奴的事情,他问:"真的会像《战争的权利》里说的那样,解放农奴,给予他们自由吗?"

蒲鲁东笑着说:"如果是那样的话,那么你们俄国人是有未来的。"

只在布鲁塞尔逗留了几天，托尔斯泰就来到了波兰，在这里他和华沙大学还有维尔那大学的教授莱莱韦尔结识。莱莱韦尔是波兰有名的革命家，1824年，他被迫害辞职，逃亡巴黎。1833年，移居布鲁塞尔。

这期间，托尔斯泰从来没有间断过自己对学校和教育问题的研究和借鉴。他和赫尔岑讨论学校的教育问题，汲取莱莱韦尔的意见，他变得非常虚心和有耐力。

面对欧洲的教育现状，托尔斯泰做出了客观公正的评价。他认为欧洲人懂得"把人的心灵作为一种复杂物质分解为记忆、情感、智慧等等，知道每一个部分应做什么联系以及做多少联系"。

可是，欧洲人喜欢规定，他们有一套一成不变的模式。不管什么样的学校，都是全面的机械训练。

从对欧洲教育情况的深刻剖析，可见托尔斯泰的教育理念十分先进。他的教学观点和某些指出的问题，即使到了今天依然适用。一个伟大的人物，不一定要说出很多曲高和寡、深奥非常的格言警句，最重要的是，他的思想，无论在什么时代都是处于前列的。显然，托尔斯泰是难能可贵的。

1861年4月9日，托尔斯泰来到莱茵河畔的法兰克福。4月12日，他到了魏玛。4月18日，离开魏玛去了德累斯顿。4月21日，离开德累斯顿去往柏林。在柏林认识了德国作家奥艾尔巴赫，两个人十分投机，托尔斯泰称他为"不可否定的诗人"。

1861年4月10日，托尔斯泰回到俄国，结束了漫长的游历生活，无论是思想和其他方面，他都可以说是满载而归。

在国外期间，托尔斯泰接到了政府的任命，他被任命为图拉省克拉皮文县第四区的调解人。

这个职务是废除农奴制度的法令颁布之后新设立的，职责就是调解农奴和地主之间的矛盾。

因为托尔斯泰很早以前就站在农奴一边，希望解放农奴，遭到过地主的反对，所以对于这个任命，贵族们曾经联合上书，说托尔斯泰曾经和亲贵们起过不愉快的冲突，所以担心这项工作不能和平进行。

在此前，托尔斯泰在1856年和1858年尝试实行过劳役制度向代役制度的过渡，并且给许多农奴发放了自由证。

内务大臣卢耶夫接到图拉省贵族们的控告，就任命托尔斯泰为调解人提出了质疑。

托尔斯泰却坚信自己可以做好调解人，省长相信他的能力，但是现实并不是一朝一夕就能改变的。

克拉皮文县的地主本来就对解放农奴抱有不满，他们已经习惯剥削和压迫别人来攫取利润了。托尔斯泰一上任，他们就如临大敌。他们希望托尔斯泰偏袒他们，哪怕是奉上一些必要的好处。可是，托尔斯泰根本没有给他们机会，在处理各项事务中，他总是尽可能在权限内保护农民。

克拉皮文县的地主对托尔斯泰恨之入骨，他们找各种借口通过书面的形式谩骂托尔斯泰。托尔斯泰的工作受到了极大的阻力，另一方面，他在农奴心目中的地位迅速提高也引起了地主们的恐慌和不安。

调解人大会上，由于地主的告发和诬陷，托尔斯泰的决定全部被撤销，所争论的问题最终也以地主的胜利而告终。

一次，托尔斯泰接到了一份公文，措辞粗鲁，于是他不得不反击。

1861年8月，18名贵族联名写信，说托尔斯泰调解不公，寻找机会制造争端，请求免去托尔斯泰的职务。

1861年12月，贵族们再次发表声明，并且捏造证据，证明农奴们也开始反对托尔斯泰。

这期间，托尔斯泰不断地收到来自贵族们的恐吓信。

1862年托尔斯泰考虑辞去职务，2月12日，他向图拉省递交了一份声明，说他做出的调解全部被推翻了，他没有办法继续担任这项职务。

1862年5月26日，参政院指令图拉省省长批准托尔斯泰"因病"辞去调解人职务。

虽然担任调解人的生涯是短暂的，可是这段岁月给托尔斯泰留下了愉快又难忘的回忆。自己的决定被推翻之后，他没有心灰意冷，而是成熟地面对。托尔斯泰的思想和性格都在成熟，他已经越来越冷静和沉着了。

无论是去国外游历吸收办学经验，还是担任调解人，托尔斯泰一直都为最需要他的人们奔波着。农奴们开始敬爱他，在亚斯纳亚，托尔斯泰的声望也不断提高。

就文学创作而言，托尔斯泰是一个伟大的作家。可是我们不应该忽略他除了文学才华以外的东西，他是一个行动派，是正义的人，这些品质让他成了一个非常优秀的社会活动家。

托尔斯泰的脚步一直都没有停止，他涉足的领域广泛，却鲜少浅尝辄止。正是现实的历练，让他的文学之路越来越宽阔。对于托尔斯泰来说，生活本身就是一本巨著！

3. 与屠格涅夫绝交

　　研读托尔斯泰的一生，就不能不提到他的好友屠格涅夫。两个人命运相似，才华相当，可是他们之间的关系充满了磕磕绊绊。尽管两个人都出身贵族，但是不同的是，屠格涅夫以身为贵族为荣。托尔斯泰总是站在农奴的立场考虑问题，他并不以当一个贵族为荣。

　　冰冻三尺非一日之寒，屠格涅夫和托尔斯泰之间的小摩擦一直都存在。一次，托尔斯泰在屠格涅夫家吃过丰盛的早餐之后，屠格涅夫给托尔斯泰看自己新创作的小说《父与子》。

　　因为旅途劳顿，托尔斯泰竟然睡着了。看着屠格涅夫把看书用的蜡烛拿出房间的时候，托尔斯泰感觉十分惭愧。

　　当时，屠格涅夫并没有表现出不快，但是他一定会在心里觉得托尔斯泰没有看好他的作品，至少是对他的创作很怠慢。

　　一次，两个作家来到了好友费特的庄园。一时有两位写小说的朋友到访，费特十分高兴，几个人兴高采烈地交谈起来。费特安排他们住在自己的家里，几个人品尝了费特太太的手艺之后就到旷野上的小树林中散步了。

　　早上8点的时候，几个人一起吃饭，大家都知道屠格涅夫对女儿的教育十分重视。他特意为女儿请了英国的家庭教师。费特夫人问及家庭教师的事情，屠格涅夫说自己很满意这位家庭教师，说她有英国人惯有的用功精神。

屠格涅夫要求女儿把每个月捐给慈善事业的钱款固定下来，还要求女儿为穷人补衣服。

托尔斯泰问："你认为这样做好吗？"

屠格涅夫说："当然了，这样做可以使做慈善事业的人直接了解穷人的生活和需要。"

"您认为这就是行善吗？"托尔斯泰问。

"请您别说这种话。"屠格涅夫提高了嗓音，十分气愤。

"我有观点，为什么不能说？"托尔斯泰说。

屠格涅夫气得脸色发白，他从旁边一跃而起，大声喊道："您要再这样说话，我就打您耳光了！"

说完，屠格涅夫跑出了房间，他对女主人费特夫人说："请原谅我的失态，我向您道歉。"说完，他就离开了费特家。

费特非常了解自己的这两位朋友，他们同样性格耿直，但是都是好人。当时调解看来是不可能了，于是他先让人把屠格涅夫送回去，然后又用自己的马车把托尔斯泰送到了驿站。在第一个歇脚点托尔斯泰就给屠格涅夫写了一封信，信中说：

"我相当失望，我无法理解为什么会发生这样的事情。并且，这样的事情为什么会在我们两个人之间发生？还是重复地发生？您知道，我对您充满尊敬。可是，您在费特夫人面前的所作所为，却让我惊讶地发现，您并不尊重我。您是一个高尚的人，我想我也是一个高尚的人。为什么两个高尚的人之间会彼此怀着恶意？从坐上马车那一刻起，我就决定把我的心里话说出来：请您务必给费特写一封信。我想这样的要求并不过分，但我知道这只是站在我个人的角度。如果您觉得这个要求非常过分，我也只能听之任之。请原谅我的怒火，我将在下个驿站等候你的消息，我内心里多么期望那是一个让我愉快的消息。"

不巧的是，这封信送错了，屠格涅夫没有及时收到。这让托尔斯泰感觉遭到了新的侮辱，他决心要向屠格涅夫提出决斗。在第二封写给屠格涅夫的信中，他还请人寄去了一把手枪。

不久之后，屠格涅夫收到了托尔斯泰的第一封信，他提笔写了回信：

> 一股无名火，莫名其妙地让我说出了那些话，我现在仍然感觉到深深的自责。冷静下来思考思考吧，我们，两个个性相左的人，即便不是在这次谈话中说过火的话，将来的某一天，难道就不会因为彼此的怒火中烧说出其他的话吗？冷静下来想一想，这是最可能的事情。所以，在这里，我想用这封信作为我们绝交的标志。阁下如何处理我们之间的关系已经不重要了，连带着这封信也如此。
>
> 致以深深的敬意，我永远是阁下的仆人。
>
> 伊凡·屠格涅夫

好友屠格涅夫和托尔斯泰的矛盾，费特认为错在屠格涅夫。他认为屠格涅夫应该道歉，但是屠格涅夫一直没有做出表态，托尔斯泰的态度也很强硬。托尔斯泰先后两封信，屠格涅夫都没有明确的态度。

两个人的这场争吵其实是必然的，但是如此深厚的友情，在外人看来，没有必要发展到绝交的程度。

托尔斯泰给好友费特写了一封信，谈到他曾经给屠格涅夫写过一封要决斗的信，不过，最终两个人并未真的决斗。否则，这件事将成为俄国文学史上最让人痛心的一件事。

两个人的人生观以及创作风格是迥然不同的。托尔斯泰不喜欢屠格涅夫的大部分作品，二人交往过程中，他只对屠格涅夫的《猎人笔记》大加赞赏。托尔斯泰要求完全真实，忍受不了一丁点儿矫情的东西。

相反，屠格涅夫是一个艺术至上的人，他一直反对托尔斯泰暂时放弃文学事业去办学，认为托尔斯泰不过是在搞名堂。

另外，二人的隔阂还有一个原因，就是托尔斯泰的大哥曾经说过："屠格涅夫无论如何都不能容忍这种想法，即使列沃奇卡（托尔斯泰的昵称）正在成长并脱离他的监护。"

屠格涅夫比托尔斯泰大了10岁，在屠格涅夫眼中，托尔斯泰是一个思想激进，情感激烈的做事莽撞的人。在托尔斯泰的眼中，屠格涅夫有着飞扬的文学才华，同时又太在意自己的贵族身份，喜欢一些无病呻吟的东西。

二人绝交多年以后，托尔斯泰回顾这一段生活，对包括屠格涅夫在内的所有的作家进行了苛责的评判：

"人类的历史是什么历史？是权力的历史吗？还是艺术的历史？我一直坚信，人类的历史是艺术的历史。正是这些人，构成了人类最优秀的、最真诚的历史。艺术家、诗人、小说家，这些人总结着人，总结着历史，也创造性地开创着历史。不过，这是一些什么样的人啊？我曾献身于这项人类最伟大的事业，为之如痴如狂，感受到生命最本真的状态。我又是什么样的人？是一个卑鄙的、毫无见地的、罪恶的人，我做的坏事绝不比我见过的那些粗野大兵要少。诗人，艺术家，这些代表着人类对美、真的最高追求的人，又是些什么人呢？他们真的比我更高尚吗？并不。可是他们如此自我欣赏，如此自信，陶醉于自己的世界中。"

尽管在创作上取得了很大的成就，但是托尔斯泰从来没有因为自己是一个作家而对自己的文采孤芳自赏。他喜欢真实，在他生命的许多时光中，他并没有把精力完全地献身于创作。也许，正是因为这样，他的笔法才会那么的锋利、清晰、真实、干净。

我们今天审视二人的关系，依然觉得双方都存在责任。可能这场友情破裂的原因最后真的要归咎于他们为人的耿直和性格上的执拗。两个人处理事情的方式，都没有精于世故的圆滑，只能说，因为他们是作家，所以他们的关系一波三折。

两个人的绝交长达17年，无论谁的责任更大一些，这不能不被认为是俄国文学的遗憾。如此伟大的两个作家，错过了17年。在这17年中，他们切断了和对方的一切联系。无论是对于后来的读者，还是当事人，都是遗憾的。

毕竟，人的一生，17年是一段漫长的岁月，何况他们错过的是对方创作上最好的17年。

在扼腕叹息之余，从他们的争吵中，我们可以看出他们之间的真挚。即使是争吵，是谩骂，也没有个人功利性的东西掺杂其中。这就是为什么，他们后来可以隔着17年的岁月冰释前嫌，或许，我们应当赞赏两个作家性格中的纯粹。正是如此，才有一段非常有意思的关于友情的不平凡的故事在俄国文学史上留传下来……

4. 遭到搜查

1862年4月30日，托尔斯泰终于辞去了调解人的职务，辞职的原因是，他病了。

和屠格涅夫的绝交，让托尔斯泰很长时间都郁郁寡欢。他的身体出现了一些小麻烦，先是浑身不适，经常咳嗽。这让他想起先后死去的两个哥哥，米佳和尼古拉。医生建议他喝一些马奶酒治疗，于是，他和学生加上一个仆人去萨马拉去拉马奶酒去了。

这期间，他的生活不是很开心，那些把他视为眼中钉的贵族们一直都没有停止过找他的麻烦。值得庆幸的是，亚斯纳亚的学校越办越好了，这让托尔斯泰在苦闷中得到了些许安慰。

5个月后，主人离开了亚斯纳亚的庄园，病魔缠身的托尔斯泰没有料到，这个时候他的大麻烦来了。

早在1861年6月，俄国出现了革命团体"大俄罗斯人"。这个团体代表农奴的利益，他们一共分发了3次传单，呼吁把土地分给农民，建立立宪政体，承认波兰独立。

8月份，赫尔岑主编的《致年轻的一代》的传单从伦敦运来，号召采取革命行动，从地主手里夺回土地。

接着，莫斯科和彼得堡的学生们开始闹学潮，局势一时动荡不安。大批的学生被开除，甚至有的大学不得不暂时关闭。

这场运动其实是必然的，农奴深受地主的压迫，双方的矛盾越来越尖锐。随着社会的发展和思想变革，农奴们越来越意识到了，推翻地主的压迫才能把他们自己从水深火热中解救出来。

而另一方面，地主希望维护曾经的生存现状，在农奴身上作威作福，继续剥削他人的生活。

政府方面，也逐渐分成了两派，但是由于政治制度的腐败和地主阶级的树大根深，农奴的权益一直都受到侵害。毕竟，像托尔斯泰那样站在农奴的立场看问题的地主实在是太少了。

1862年2月1日至3日，特维尔省贵族的特别会议在亚历山大二世的请愿书中这样声明：

1.2月19日的法律是没有根据的。

2.必须分给农民土地。

3.特权阶层的存在是没有根据的。

4.政府没有能力满足社会需要，不可避免的唯一道路就是不分阶层的全体人民的代表大会。

这个声明引起了当局的恐慌，沙皇震怒，在声明上签字的人全部被逮捕入狱。这些人全都被剥夺了担任公职和参加选举的权利。

社会气氛异常紧张，统治阶级开始走向反动的一面。

早在1826年，沙皇尼古拉一世就成立了专门搞秘密调查活动的第三厅。

1862年1月，第三厅的上校沃耶伊科夫举报了托尔斯泰。他说托尔斯泰在庄园里创办学校，在农民中间传播一些有害言论。而且，还聘请一些被学校开除的大学生在学校里当教师。他直指托尔斯泰是"大俄罗斯人"的主要人员，应该予以查办。

第三厅责成图拉省的宪兵司令穆拉托夫查证核实，穆拉托夫报告说托尔斯泰的确聘请了一些大学生。但是沃耶伊科夫所说的传播"大俄罗斯人"的言论这件事，查无实据。

事情并没有到此结束，很快托尔斯泰又被卷入其中。原因是，在1862年初，他在莫斯科逗留期间，曾经和大学生们接触频繁。一位叫作奥斯瓦尔德的大学生和托尔斯泰走得很近，而这位奥斯瓦尔德就是"大俄罗斯人"的一员。

当时，警察局局长什利亚赫金得知托尔斯泰经常写作，怀疑他给"大俄罗斯人"当过编辑。于是，就派人到亚斯纳亚监视托尔斯泰。

托尔斯泰受到监视这件事，从第三厅传到了亚历山德拉姑妈那里。亚历山德拉十分担心，她写信给正在萨马拉养病的托尔斯泰，说无论如何，要今年秋天与他见面。

第三厅的希波夫说托尔斯泰聘请没有任何证件的大学生当教师，这些大学生还经常到托尔斯泰家里聚会。几天后，希波夫补充说托尔斯泰的庄园中有人担当信使，帮助"大俄罗斯人"。

希波夫开始捏造一些事实，诬陷托尔斯泰的家里时常有老橡树镇的商人来，甚至还有留宿，并且他言之凿凿地说，托尔斯泰的书房里有机关和密室。

他的话对托尔斯泰很不利，由于此事关系重大，当局十分重视。希波夫的话引起了政府的恐慌。亚历山大二世责令多尔戈鲁科夫公爵对托尔斯泰的庄园进行严密搜查，并且派宪兵队的杜尔诺夫上校去亚斯纳亚执行任务。

1862年7月6日，杜尔诺夫带人闯入了亚斯纳亚，搜查足足进行了两天。所有的房间，包括地窖、马厩等都被翻了个遍。甚至，他们还阅读了托尔斯泰的信件。

68岁的塔吉扬娜姑妈临危不乱，她向自己的侍女使了一个眼色，就让杜尔诺夫进了客厅。

在客厅里，塔吉扬娜姑妈告诉搜查的人，托尔斯泰不在家，作为庄园的女主人，她有权利知道搜查的原因。

塔吉扬娜姑妈心里知道，托尔斯泰的一个皮包里装着赫尔岑的《钟声》和《北极星》等一些报纸，如果这些东西被搜到的话，托尔斯泰将有很大的麻烦。

搜查的结果是，宪兵队一无所获。机智的塔吉扬娜姑妈向侍女暗示，侍女抢在了宪兵队的前面，把那些东西都扔进了河里。同时，一名教师在之前就按塔吉扬娜姑妈的指示，把托尔斯泰的一些信件藏起来了。

搜查终于结束了，好在有惊无险。可是整个亚斯纳亚，在很长的一段时间里，都笼罩着紧张的气氛。

7月末的时候，托尔斯泰从萨马拉回到了莫斯科，知道了庄园被搜查这件事，他写信给亚历山德拉姑妈，以倾诉自己愤慨的心情。

31日，托尔斯泰从莫斯科回到了亚斯纳亚，当听到塔吉扬娜姑妈描述详细的搜查过程的时候，他更加愤怒了。整整一个星期，他的情绪都很低落。他决定再次给亚历山德拉姑妈写信，提出要给沙皇写信，要求惩治那些罪犯，对公开的侮辱必须进行公开的道歉，不然就出国，再也不回到俄国来了。

几次，托尔斯泰的手枪都上好了子弹，等待着那些人的到来，因为这件事对他来说实在是莫大的羞辱！

8月23日，托尔斯泰递交了控告信。他在信中控告宪兵队的多尔戈鲁科夫。多尔戈鲁科夫态度傲慢地回复说："这一措施是得悉关于住在他那里的一些人的行为不轨以及他同他们关系密切的情报，以及其他一些可疑情况，被迫采取的。"

这场控告不了了之，托尔斯泰失望至极。沙皇的话是一个答复，更是一种敷衍。毕竟，托尔斯泰充当调解人的时候的的确确触动了某些人的利益，引起了沙皇的不满。

病痛中托尔斯泰又一次切实地感觉到了政治的黑暗，在痛苦中他做出了停止办学的决定。这场搜查，把他所有的办学热情化为灰烬，他再也不想被这样的侮辱了。

而且，他意识到了，单单是办学和参加社会活动，远远不能引起政府的注意，远远不能从根本上帮助到农奴们。他开始重新写作，并决定娶妻生子。

作为读者，这场搜查同样让我们切实地感受到了俄国政治的腐败和社会的黑暗。这场搜查，让托尔斯泰认清了现实，同时也让俄罗斯少了一位杰出的教育家，而多了一位伟大的作家。

第六章 创作的井喷时期

1. 婚姻大事

1862年，托尔斯泰已经34岁了，他觉得是时候把婚姻问题提上日程了。加上搜查一事对托尔斯泰的情绪产生了很大影响，他的办学热情已经消失殆尽。这期间，他闲来无事，总是去莫斯科的友人家里逗留。

托尔斯泰的老朋友别尔斯是宫廷医生，他的夫人柳博芙·亚历山德罗夫娜的娘家姓伊斯列尼耶夫。他们有3个女儿，5个儿子，这3个女儿全都待字闺中。

3个女儿当中大女儿丽莎学识最为广博，她很小的时候就博览群书，喜欢诗词歌赋，托尔斯泰曾经想要她参加某个教育杂志的编辑工作。二女儿塔菲娅身材婀娜，性情温和且活泼，是三个女儿中人际关系上表现最出色的。

当然，三个女儿中最漂亮的要数索菲娅，她个子高挑，亭亭玉立。别说是男子，就是女子见了她也非常羡慕。索菲娅喜欢素净，不喜欢浓妆艳抹，脸上从来没有什么夸张的表情。她的笑容人们也是难得一见，但是她一笑时，眼睛里就闪现着不一样的光辉，让人看上去如痴如醉。

索菲娅的眼睛高度近视，当时不流行戴眼镜，年轻美貌的姑娘更是拒绝眼镜。索菲娅常常把眼睛睁得大大的，带着疑惑的神情看着周围的人和事，更是平添了几分可爱。

去了几次别尔斯家，托尔斯泰彻底爱上了这个家庭，在写给妹妹玛利亚的信中说："亲爱的玛利亚，我现在无比幸福，从未有过的幸福。我又重新感觉到生命的价值。爱，爱与你相爱的人，就是世界上最伟大的、最幸福的事情。我现在时时刻刻沉浸在幸福之中，有时候会想，如果时间能停留在这一时刻，我愿意舍弃我所有的一切，甚至包括我的创作。有时候又很悲观地想到，幸福的时光总是那么短暂，不知道什么时候幸福就会从我身边溜走，所以，我倍加珍惜目前的幸福。别尔斯一家太可爱了，他们盛情款待我，我想，我准会娶他们家的女儿。"

之后，托尔斯泰越来越频繁地去别尔斯一家了。这样的行为引起了别尔斯一家的猜测，大家开始揣测，托尔斯泰到底爱上了谁？大家一致认为托尔斯泰爱上了大女儿丽莎。因为丽莎有过人的才华和姣好的容貌，托尔斯泰几次表示过要丽莎去做编辑。爱慕之心，可谓昭然。听着大家的议论，丽莎害羞地低下了头，但是她并不否认。毕竟，她同样爱慕着托尔斯泰的才华。

1862年秋天，别尔斯夫人决定带着3个女儿和小儿子一起去亚斯纳亚拜访父亲。父亲伊斯列尼耶夫的住所距离亚斯纳亚只有50俄里，别尔斯夫人决定顺路去往亚斯纳亚看望托尔斯泰。3个女儿也同意了妈妈的决定，特别是大女儿丽莎。

可是，毕竟3个女儿是还没有出阁的姑娘。于是，别尔斯夫人把此行的目的说成了去看望童年的好友玛利亚，也就是托尔斯泰的妹妹。这样，她就可以顺理成章地去了解托尔斯泰的态度了。

客人的来到让托尔斯泰十分雀跃，他在扎谢克的树林里举行了野餐招待，另外还请来了当地的教师一起参加。

傍晚，托尔斯泰找机会单独和索菲娅留在了玩牌的房间里，托尔斯泰用粉笔在桌子上写下这样一句话："在您面前，我有生以来第一次感觉到生命的匆促，感觉到生命如此可爱。相对您的妙龄，我似乎已经是一个老者，我无数次告诫自己不要唐突，我的心却无数次反驳，你能让这个女孩儿幸福，为何要迟疑不决？"

索菲娅满脸通红，刚要开口说姐姐丽莎对托尔斯泰倾慕已久的话，托尔斯泰就猜出她要说什么了，接着他写道："我知道这段日子以来，我和令姐的关系引起了很多似是而非的看法，请您和您二姐塔菲娅帮我辩白。另外，无论如何，请您相信我，我是怀着最最真诚的一颗心向您表示我的爱慕。在此之前，在此之后，您都可以确信，您是我的唯一的爱。"

当晚，索菲娅就寝的时候依然心潮澎湃。少女的心事，伯爵的示爱，让她久久不能平静。

8月21日，托尔斯泰到达莫斯科，他从一个鞋匠手里租了一套小住宅，在这里完成了《亚斯纳亚·波利亚那》报纸上的两篇文章。但是此行的目的十分明确，那就是和索菲娅确立关系。

在莫斯科，托尔斯泰度过了充满挣扎的一段时间。他常常去别尔斯家拜访，但是几次下来都没有勇气说出自己的心里话。在他的日记中，他不断地分析着自己的感情，他承认自己过去有过迷恋的姑娘，也曾经和某个姑娘恋爱，但是只有这次是刻骨铭心的！

同时，他又是那样的自卑，他觉得自己年龄太大，长相不好，配不上貌美如花、冰清玉洁的索菲娅。在索菲娅面前，他时常感觉自惭形秽，这些情绪都折磨着他。

终于在9月13日的日记中，他写道："不能再这样既痛苦又幸福地活下去了，原来爱情的滋味是这样的，它既让人感到无上的幸福，这种幸福感充斥在身体的每个角落里，甚至超过了宗教的影响力。但与此同时，等待又让人如此痛苦。我觉得心里又忧伤又悔恨，明天一定去和盘托出，一定！"

之后，14日，他就写了一封情深意浓的信给索菲娅·安德烈耶夫娜：

> 亲爱的姑娘！我在今天夜里感受到从未有过的激情，我反反复复回想我曾经有过的生活，那些在军营中的生活和倾注在教育事业上的生活，那些生活都是我一直以来认为最有意义的生活。可是，今天晚上，回想起来这些生活，我却无奈地发现，比起我能想象得到的和你共度的生活，那些生活在我的一生中将只是占据怎样的微不足道的地位。我有一肚子的话想对你说，可是当我想用我最擅长的方式，想把这些想法和话语用最完美的字眼表现在这张纸上的时候，我第一次发现，原来这个世界上有些话是无法用文字全部表达的，比如说爱情。它是如此伟大、如此确定的一件事，可是又是如此的让人无法言说，仿佛是空气中最珍贵的分子，每当想说出来的时候，它就已经消失不见了。不，并不是消失不见，它就在那里，我伸伸手就能触碰到它。它就像是一个精灵，掺杂着忧伤、悔恨、幸福、恐惧。我把这封信带在身上，如果我不能够或者没有勇气说出来，我就把这封信交给您。

在结尾处，他说：

> 当面对着如此幸福的时刻，我的心脏已经快要承受不起，我怕它承受不起任何的回答，甚至包括将让我从此走上幸福的回答。我已经下定决心，一定要真诚地问你：你愿意做我的妻子吗？我有时候非常自责，我能清醒地认识到，我热烈的爱情会带给你多大的幸福，同时也会带来同样大的伤害。你无法理解，当我写出这些话的时候，我

内心的忧愁和彷徨。我是那么害怕你的答案是不。我是如此害怕，以至于我都盼望这些字明天就从这个世界上彻底消失。另一方面，我如此真切地知道，我热烈的爱情会毫无保留地奉献给你，而我也热烈地希望，作为丈夫，我也能收到我爱妻子一样热烈的爱。当然，我可能听到你两种可能的回答。我已经做好准备。如果你是爱我的，请你无论如何都鼓足勇气说出来。如果你有哪怕是一丝一毫的犹豫，也请你千万收起你的犹豫，我也将接受命运对我的惩罚。

这封信直到9月16日傍晚才送出，托尔斯泰终于迈出了艰难的一步。

后来，索菲娅回忆说，她拿到信之后就跑回了三姐妹共用的房间里，在里面，她紧紧地锁上了门。当她读到："你愿意做我的妻子吗？"的时候，她整个人都呆住了。

这个时候，大姐丽莎敲门的声音非常急切，她似乎感觉到了什么。丽莎走进房间质问道："是托尔斯泰伯爵给你写的信吗？是吗？回答我。你为什么只盯着信看，快回答我的话呀。"

索菲娅默认了。她的沉默让丽莎更加歇斯底里，她大声嚷道："告诉我伯爵给你写了些什么？他向你求婚吗？还是有其他事情。你有什么事情在瞒着我，快点告诉我。"

听到索菲娅告诉她托尔斯泰向自己求婚，丽莎几乎失去了理智，她吼道："拒绝，马上拒绝！"

当时塔菲娅也在场，她立即跑出去找妈妈了，索菲娅回忆说，当时别尔斯夫人对丽莎态度严厉。别尔斯夫人说，即使索菲娅拒绝，丽莎也不会得到伯爵的爱。接着，别尔斯夫人握住索菲娅的肩膀坚定地说:"我亲爱的孩子,现在是你一生中最重要的时刻,你必须做出一个选择,去吧,把你心里的话告诉托尔斯泰伯爵!"

索菲娅奔跑到门口,深深地点头,全家上下一片欢呼,丽莎的泪水被淹没在笑声中。

近一个星期以来的情绪紧张,让托尔斯泰难以承受。他提议马上成婚,尽管别尔斯夫人想要留足时间置办嫁妆。但是,最后大家还是听从了托尔斯泰的建议,一周之后举行婚礼。

这一个星期,托尔斯泰几乎每天都到索菲娅家里来。为了不影响婚后生活的和睦,他将自己的过去全部告诉了索菲娅。并且,他还亲手把自己的旧日记本交到了未婚妻手中。

结婚前夜,托尔斯泰依旧不放心,他甚至怀疑索菲娅是不是像自己想的那样爱他,甚至他觉得索菲娅是在骗他。于是,他举行婚礼当天早上就到了别尔斯家里,他不断地问索菲娅,是不是爱着自己。索菲娅当时吓坏了,觉得托尔斯泰要逃婚。于是,索菲娅哭了起来。

后来,别尔斯夫人终于看不过去了,走进了房间,她对托尔斯泰发火了。她说:"托尔斯泰伯爵,我想我有必要提醒你现在是什么时刻!今天,对我的女儿来说是一生中最重要的时刻,是她做你的新娘的一天。难道你就不能为了你的妻子稍微收敛一下你的任性吗?她的心情本来就复杂而沉重,而且一会儿还要上路。"托尔斯泰感觉很羞愧,离开了别尔斯家。

婚前,索菲娅同样感到不安,她每天食不下咽,只吃一些黄瓜和面包。夜里也睡不好。索菲娅几次问自己:"托尔斯泰不会后悔吧?我身上有什么东西能让他如此迷恋我呢?我只是一个还没成熟的小姑娘罢了,而且,是一个愚蠢、渺小的姑娘。哎,我到底爱不爱这个伟大的人呢？爱的，爱的。为什么会这么惶恐不安呢？心啊，你告诉我，我会得到我想要的幸福吗？他是如此有才华，如此出众的一个人物，他凭什么爱我一生呢？因为我的爱吗？不会的。他会爱我如一吗？他会不会失望？他现在被爱冲昏了头脑。当他发现他娶了一个又蠢又笨的姑娘的时候他会不会后悔？我一定要嫁给他，我是爱他的，好吧，既然事情已经如此了，我还有什么好犹豫的呢？"

终于在9月23日，婚礼如期举行了，当天晚宴过后，新婚夫妇就坐着6匹马拉的车回到了亚斯纳亚，开始了他们自己的生活。

虽然从形式上他们走到了一起，可是这两个人还有很多事需要磨合。托尔斯泰喜欢农村，喜欢和农奴们待在一起。在遇到索菲娅之前，他甚至认为自己会娶一个农妇。

与之相反，索菲娅喜欢城市，尽管不是贵族出身，但是她喜欢城市，看不惯农村的一切，她不喜欢托尔斯泰每天和农奴们混在一起。

1862年11月23日，索菲娅在日记中写道："果然如我所料，我并不是他的所有和唯一。我就知道，结婚的时候他一定是被爱情蒙住了眼睛，把一切都往美好方向看了。这几天，他总是跟那些肮脏的农奴们混在一起，这不符合他的身份，他可是我心里最高尚的人，最有才华的人。怎么能整天同那些没有修养的农奴混在一起呢？我们之间一定出了问题，他陪伴那些农奴的时间比陪伴我的时间还要多，这可不是我想要的生活，我想要的是他是我的唯一，我也是他的唯一。我是为他而活着的，我当然也希望他只为我而活着。我时刻想着他，时刻都希望他生活在我的身边，一刻都不许远离，可是他是怎样对待我的爱情的？我真苦闷！忽然觉得我们之间虽然没有走到崩溃的边缘，总之，已经再也不亲密无间了。"

其中最让索菲娅不痛快的是巴兹金娜的出现，在托尔斯泰的日记里，几次表达过对巴兹金娜的爱恋，1858年的日记中他写道："有生以来我从未热恋过，除了现在。"

这些情意绵绵都被索菲娅看见了，她疯狂地嫉妒。所以当巴兹金娜到托尔斯泰家擦地板的时候，她写道："我觉得我总有一天会因为嫉妒而弄坏身子。"

对于托尔斯泰的旧事，索菲娅很长时间不能释怀。和索菲娅非常相似的是，托尔斯泰的嫉妒心也很强。他不喜欢索菲娅和任何男士交谈，不管是哪个男士称赞索菲娅，他都非常嫉妒。

两个人的嫉妒甚至达到了失去理智的程度。

同时，两个人也各怀心事，托尔斯泰因为自己堕落的过去觉得自己配不上索菲娅。索菲娅则认为自己嫁给了一个年纪比自己大很多的丈夫，并且这个丈夫历史复杂，她感到十分的委屈。

尽管嫉妒，尽管婚后的生活常常争吵，可是他们的四女儿亚历山德拉说，这些情况都只是婚姻生活的小小插曲。

的确，嫉妒是因为在乎，如果一对夫妻连嫉妒都没有了，那么何谈爱情呢？托尔斯泰的婚姻生活总体来说是美满的，毕竟，索菲娅是他自己一度心驰神往的梦中情人。

我们熟知的作品，像是《战争与和平》《安娜·卡列尼娜》，都诞生在托尔斯泰结婚之后。不得不提的是，托尔斯泰的夫人一直是他手稿的誊写者，对于托尔斯泰的写作工作，她一直都是支持的。

作为丈夫作品的第一个读者，她总是乐此不疲，怀着不一样的激情一遍一遍地修改着密密麻麻的手稿。她很荣幸第一个拜读这些伟大的作品，并且索菲娅自身的文学素养让她总是能提出非常中肯的意见和建议。

二人的婚姻生活是美满的，尽管在托尔斯泰晚年，两个人发生了一些不愉快。但是，从索菲娅的角度来看，她是一个一生都无微不至地关怀着丈夫的好妻子。

两个人婚后第二年，就生下了他们的第一个孩子谢尔盖。初为人父的托尔斯泰欣喜若狂，在二人的共同努力下，一家人的生活越来越美满。正因为这样，托尔斯泰才有一个非常好的创作环境。

2. 鸿篇巨著

婚后的托尔斯泰办学的热情逐渐消退，加上搜查一事对他的影响，于是他认为单单靠一个人的力量是不能改变这个社会的。他关闭了学校和杂志，这个时候，潜藏在他的思想里的文学灵感和高超的写作素质在向他招手。

起初，他并没有把自己的小说写作定位在长篇，而是写了几篇中篇小说，比如说《哥萨克》和《波利库什卡》，这几篇作品得到了很大的关注。托尔斯泰渐渐地找到了在文学上失去已久的自信。

这时，他逐渐开始酝酿一部长篇小说，写作的欲望也越来越强烈。此时的托尔斯泰不再是那个在彼得堡和文学家们恣意争吵的青年了，也不是时刻要抵制诱惑在堕落和理想之间徘徊的矛盾者了，他已经成了一个沉稳的男人。经历了亲人的离去、办学和办报的失败、出国的所见所感和博览群书，他的思想逐渐被煅造得清晰、深刻、富有逻辑性。

这个时候的托尔斯泰必然会把自己的半生经历,倾注在自己最热爱也最适合他的文学事业上来。于是,他开始构思着手写作那本轰动世界文坛的《战争与和平》。

《战争与和平》问世至今,一直被人称为"世界上最伟大的小说"。

这部卷帙浩繁的史诗巨著生动地描写了俄国社会在19世纪初的重大历史事件。

小说的主要内容是:

在一次宴会上,安德烈·保尔康斯基结识了年轻富有的彼尔,他是著名的别竺豪夫伯爵的私生子,两位年轻人虽然生活在上流社会,却都不是酒囊饭袋之徒,言谈之下非常投机,于是成为好友。彼尔由于继承了伯爵身后的全部遗产,摇身一变成为莫斯科名副其实的单身贵族。俄罗斯的贵族阶层自然而然接受了他,一些心怀叵测的贵族更是对他的财富垂涎三尺。拉金公爵,一位道貌岸然的"绅士"计划将貌美但品行不端的小姐爱伦嫁给他。彼尔对爱伦一见钟情,发起猛烈的爱情攻势,最终赢得了美人心。不过,这一切都只是开始而已。不久,彼尔就听说了妻子爱伦与好友多勃赫夫之间有暧昧之事。

婚姻失败对彼尔产生了严重打击。正在此时,拿破仑领导的法国军队开始对俄罗斯发动入侵。或许是为了逃避,或许是为了正义,彼尔参军了。

另一方面,安德烈·保尔康斯基也参军加入抗击侵略者的战役。在斯特里茨之役中,法国军队大败俄罗斯人。保尔康斯基带着军旗独自冲入敌阵,不幸受了重伤。正当他虚弱不堪的时候,他突然看见那永恒的蓝天，一瞬间，多少年来自己所追寻的一切：名誉、伟大的事业，都忽然变得微不足道了。

从战场死里逃生回到家乡以后，保尔康斯基陷于善恶与生死问题的困扰中。

1807年6月，俄国和法国暂时停止战争，拿破仑纵横天下未曾一败的军队在俄罗斯广袤的大地上失去了力量。俄罗斯民族再一次用战争印证了这个民族的个性。

安德烈·保尔康斯基仍然苦恼地生活着，对生活没有统一的道德标准，自己也无力反抗生活。不久之后的一件事彻底改变了他的命运。他去拜访托罗斯托夫伯爵，在伯爵家中，已经过了激情恋爱时期的他被充满生命力的年轻小姐娜达莎深深地吸引了，两个人展开了一场恋爱。不过，结局是不幸的，秃山老公爵强烈反对，安德烈·保尔康斯基伤心之下出国了。

1812年，俄、法两国再度交战，安德烈·保尔康斯基再次加入战争。俄军节节败退，保尔康斯基身受重伤，娜达莎意外地在伤兵中发现将死的安德烈·保尔康斯基。她向他谢罪并照顾他，但一切都太迟了，安德烈·保尔康斯基去世了。

说到这本小说的准备阶段，要追溯到1860年。那个时候，托尔斯泰正在国外游历，他结识了著名的十二月党人沃尔孔斯，在和他交谈的过程中，他决定要写一本有关十二月党人的小说。

当时，这本小说只写了3章就放下了。因为他还没有和屠格涅夫产生不可弥补的隔阂，这本小说的最初读者正是屠格涅夫。大家对他的才华大加赞赏，然而这本书直到两年多以后才被拾起。

1863年，他决定重新写作这本书。但是，已经不是当初的那个仅仅描写十二月党人的小说了，而是反映19世纪最初20年的整个社会历史的鸿篇巨著。

起初，这本书的标题并不是《战争与和平》，而是《三个时期》。托尔斯泰计划写一部十二月党人的三部曲，即1812年、1825年和1856年。后来，这个开头被他放弃了。

开头部分修改了15次，第15稿才是我们后来看到的《战争与和平》。

后来，托尔斯泰回忆，他一开始只是想从1856年写起，写十二月党人流放回来之后的种种境遇。在写作过程中，他发现，从1856年写起是不行的，因为早在1825年，十二月党人就开始起义了。如果仅仅从1856年写起，那么这本小说的开头将变得十分突兀。

经过了不断的追忆和搜集资料，托尔斯泰做出了一个决定，必须从1812年写起。因为那个时候十二月党人在反对拿破仑的战争中接受了新思想。这样交代他们波澜壮阔的历史才是一本完整的、有很强体系性的小说！

和许多作者按照人物或事件发展的先后顺序写作不同，托尔斯泰是写完了十二月党人在1825年发动起义之后，开始写他们在1812年战争的影响。

后人分析，《战争与和平》的写作之初，往往忽略了一件事，那就是，托尔斯泰不仅仅是简单的追溯，一直沿着历史的脉络写作，他也做了很多取舍。如果真的要追溯，要到1805年俄国和法国交战的失败。可是他没有选择那段历史，而是从1812年写起，这样这个作品的感情基调变得非常令人振奋。

单单是从什么时期开始写的问题，就让托尔斯泰写了很多开头，他一直不满意，一直重写。怀着对写作的热爱，并且运用一个伟大作家特有的敏感，这本书在复杂艰难的创作中正式开始了。

除了开头阶段，小说遇到的第二个困难就是，托尔斯泰在写作的时候发现，这本小说所涉及的历史没有任何资料可以查到，没有人清楚地知道这段事实的真相。单单靠和赫尔岑交谈所得的内容，根本没有办法顺利地完成这本小说。

并且，在以往的历史中，有些记载和事实完全不相符。于是，托尔斯泰决定另辟蹊径，他要写一本人民的历史。

另外一个困难就是如何处理写历史和写性格之间的关系。他要写一本人民的历史，但是人物的性格是小说的灵魂。

就这样，托尔斯泰不断地修改，这本小说从最初的骨架雏形变得有血有肉。如果他是一个自负的作家，没有勇于探索的精神，我们今天看到的将仅仅是一部描写十二月党人的三部曲。那样的话，这个世界便没有了托尔斯泰……

写作的态度一丝不苟，他的手稿不断地被修改和重写。甚至，在脱稿之后还在不停地修改以求达到最好。在写给《俄罗斯导报》的信中说："请原谅手稿涂改得很厉害，手稿放在我这里一天，我就要修改一天。"

代表他和印刷厂打交道的巴尔捷涅夫说："我的天哪，我只想告诉你一件我真切地知道的事情，这样下去，我们永远也改不完，印不完。"

后来，托尔斯泰回信说："看到您的回信了，非常抱歉说出我的最真实的想法，不像现在这样修改，我办不到。而且我坚信，只有这样，我才能完成一部我认为满意的作品。"

在写作第四部的时候，为了描写鲍罗金诺会战的情景，他亲自去鲍罗金诺待了两天，做了详细的调查研究。在实地观察过程中，他画了原野战图，标出了附近的主要建筑物。甚至还发现了历史学家和军事学家都没有发现的俄军实际部署和原定部署之间的差别问题。

正是因为这样一丝不苟的态度，后来的读者才有眼福看到鲍罗金诺会战的壮丽画卷。

在写作《战争与和平》的过程中，托尔斯泰表现出来的虚心和谦逊的态度是以往没有的。

《战争与和平》一经出版就引起了轰动，它被人称为"世界上最伟大的小说"之一。这部卷帙浩繁的巨制以史诗般的气质描写了19世纪俄国的大环境，托尔斯泰以一天才之笔，游刃于战争与和平、心理与社会、历史与哲学、婚姻与宗教之间，主次分明，匠心独具。

后人整理小说中大量的经典语录，无数的学者研究它。这本书仿佛是一处宝藏，每次被提起都会有新的东西指引着历史和人们的生活。

《战争与和平》不是偶然的，他是托尔斯泰前半生的思想的一次爆发。之所以能写出这样的一本巨著，和他的丰富的阅历是息息相关的。他的四女儿亚历山德拉曾经说过这样一段话：

"这部小说毋宁说是托尔斯泰对过去生活的总评式的解剖。我想每个阅读、研究这部小说的人都能明白一个道理。如果托尔斯泰本人没有作过战，他就没办法写出这么好的战争场景。如果他不是在赌桌上输掉了那么多钱，他就无法把一个赌徒的心理描写得那么细致入微。如果不是他本人曾经在上层社会中生活过，他就无法准确地把握住他们的心理。"

值得一提的是，在托尔斯泰的创作中，周围的人同样付出了很多。他的朋友给予他许多中肯的意见，他的妻子足足抄了7遍手稿，同时又要避免孩子们打扰他的写作。

《战争与和平》无疑获得了很多殊荣，它是托尔斯泰文学生涯浓墨重彩的一笔。至今，这本书依旧是文学爱好者和研究人员的必备书目，它从出版至今已经再版过无数次了。每一次，它都被更多的读者拜读着。

随着社会的发展，它被日本、英国、苏联、美国拍成了电影。其中，以苏联拍摄的艺术成就最高，耗资最为巨大。以美国拍摄的最为后世推崇，并且由著名女星奥黛丽·赫本演绎。

时间过去一个多世纪了，历史发生了一次次的大变革，托尔斯泰的作品却如丰碑一样屹立在世界文学之林中。尽管，它的作者已经离开了人间，可是这本小说将他的生命无限地延长了。

以后，它将不断地再版，不断地被改编成剧本拍摄成电影，也将影响一代又一代人的灵魂。让我们向托尔斯泰致敬吧，正因为有他当年的呕心沥血，我们才能如此真实地触及到那个时代的欧洲乃至世界！

3. 孜孜不倦

写完《战争与和平》之后，托尔斯泰的亲友们都劝说他要好好休息一下。有人建议他去旅行，有人建议他去疗养。但是，托尔斯泰并不准备放松，他立志用3个月的时间学会希腊语。

于是，他怀着一腔热情投入到新的目标中去了。为此，他特地从图拉省请来一名家庭教师，开始了夜以继日的学习生涯。诗人费特作为他的好朋友，认为学习希腊语并非易事。

不过，他显然低估了托尔斯泰的学习能力和毅力。3个月之后，托尔斯泰就达到不用字典可以阅读任何希腊语文章的程度了。这期间，他开始阅读柏拉图、荷马、伊索的作品。对于自己学习希腊文的执着，他曾经这样自嘲道："上帝给了我这股子傻劲儿，多么使我高兴！"

他的毅力和刻苦让他收获颇丰。有一次，托尔斯泰到莫斯科去拜访一位著名的教授，同时也是希腊文和希腊文学的专家，叫作昂捷夫。他们讨论希腊文字，昂捷夫不相信他能在这么短的时间内做到熟练地掌握希腊文。

后来，昂捷夫提议他们一起看书阅读。结果，有3段意思他和托尔斯泰解释不同，共同讨论后，教授承认托尔斯泰的讲法是正确的。由此，他觉得托尔斯泰的学习能力可以说是惊人的。

托尔斯泰的语言才能禀赋非常。他热爱各种语言，他的一生一直都在学习不同的语言。

他之所以这样渊博和精深，除了他天资不俗之外，还因为他有着坚韧不拔的毅力和进取精神。

托尔斯泰对于学习这件事曾经这样说："天才的十分之一是灵感，十分之九是血汗。"他认为："人是不可理解的创造物。"

1871年6月初，索菲娅生下了他们的第五个孩子。托尔斯泰十分喜爱他们。作为一个父亲，他总是给孩子们无微不至的关怀。大儿子谢尔盖患病时，他彻夜守候在他的床边。

写作的闲暇时间，他经常到婴儿室和孩子们玩耍。当塔尼娅摇着头，说着含混不清的话扑向他的时候，他总是情不自禁地把她高高举过头顶。

每次，托尔斯泰从外地回来，都会给孩子们带回来各种各样的礼物。他经常把礼物塞到自己的衣服里，然后像是变戏法那样把礼物拿到孩子们的面前。每一样东西都会让孩子们惊叹，全家人沉浸在其乐融融的气氛中。

妻子索菲娅也是一位合格的母亲，她坚持自己给孩子们喂奶，这在当时的俄国贵族中十分少见。关于孩子们的教育问题，索菲娅总是以丈夫的意见为主。她亲自教孩子们跳舞和唱歌，孩子们10岁之前的衣服都是她一针一线缝制而成的。

在孩子们的教育问题上，两个人根据卢梭的《爱弥儿》一书，结合现实生活给予了孩子们最大的自由。他们从来不体罚孩子，生活中给他们适当的宠爱，托尔斯泰还特意叮嘱了家里的成年人，要时刻注意自己的言行。

写完《战争与和平》之后，托尔斯泰前往萨马拉草原进行了短期疗养。健康恢复之后，他回到亚斯纳亚开始宅邸的扩建。在这期间，他越来越重视孩子们的教育工作。

这期间，他本来想继续写一些东西。曾经他试图构思一本彼得大帝时期的小说，但是失败了，这让托尔斯泰十分苦恼。他的夫人回忆说："他是如此伟大的一个人，他的勤奋和努力让我和他身边的人都钦佩无比。可是，这些对于他本人来说是不够的，远远不够。他要的不是这些，他要的更多。他常常为自己的一无所获在所有人面前感到羞愧。"

1871年至1872年，托尔斯泰对教育工作的兴趣渐渐超过了文学创作上的兴趣。他认为："理想的书籍是智慧的钥匙。"在他的眼里，当时俄国教育儿童的书籍都是枯燥无味的。于是，他开始编写《启蒙课本》。

他计划《启蒙课本》主要分为4个部分，第一部分是字母表，读写训练；第二部分是阅读园地；第三部分按照托尔斯泰的设计由教授讲述斯拉夫文；第四部分是算术和数学，以及阿拉伯文、罗马文的写法。

书中，有很多故事的收录都独具匠心。这些故事在课本中出现，让人觉得新颖而独特。根据记载，收到书中的故事有俄国的民间故事，雨果的长篇小说《悲惨世界》中的《主教的强盗》，伊索寓言，印度、土耳其、阿拉伯民间故事，安徒生童话以及他自己的两篇小说和许多短篇小说。

除了编写课本，他还制定了《启蒙课本》的教学方法，他称之为"拼音法"。以区别政府当时推崇的"单音法"。

托尔斯泰在课本中强调19世纪60年代办学的一些原则，他认为想要让学生学习好，就必须让他们爱好学习，要让他们爱好学习就要做到以下几点：

1. 讲授的课程要明白。

2. 有趣。

3. 学生必须处于最佳精神状态。

4. 学习场所没有新的不熟悉的东西和人。

5. 学生在老师或者同学面前不羞怯。

6. 学生不必担心学习不好，就是说不担心不懂功课而受到惩罚。人的智力只有在不受外界压力的情况下才能得到充分的发挥。

此外，他还提出了不能让学生疲劳过度和要因材施教的问题。

和许多文学家不同，托尔斯泰对数学有着独到的见解。在编写课本的过程中，他也编写了数学教材。

但是，事与愿违，这些课本并没有得到预期的反响，印刷出来的书没有全部卖出去。

这其中最重要的因素是托尔斯泰不同意科学启蒙的作用，他编制的《启蒙课本》反对新教学的很多观点，这必定会遭到一些教育学家的抵制。

今天，当世界教育体制逐渐完善，我们重新审视托尔斯泰编写的课本时，它的确有一些不足之处。同时，《启蒙课本》也有很多可取之处。不过，在当时，由于托尔斯泰的名声太大，教育学家对书籍的瑕疵一点儿都不放过，最终遭到全盘否定，于是托尔斯泰感到很沮丧。

但是，他不甘心失败。

1874年1月15日，在莫斯科教育委员会上，他为自己的教育法辩护。经过了一遍又一遍的删改，课本终于取得了成功，一时间销量破百万册，畅销全俄国。

这本书，一夜之间成了数十万俄国儿童的教科书。

对于教育工作，在托尔斯泰的一生中所占的分量丝毫不少于文学创作。很多人费解，在文学领域已经取得这么大成就的托尔斯泰为什么还要这么热情地投入教育工作。

无论是对教育工作还是对文学创作，托尔斯泰都是严谨的。他孜孜不倦地学习着，笔耕着。或许，正因为这样，他不仅给我们留下一处文学上的宝藏，同样他的教育理念在今天依然适用。

托尔斯泰，这个因为伟大而勤奋，因为勤奋而愈来愈伟大的人，带给我们的惊喜才刚刚开始！

4. 写作《安娜·卡列尼娜》

一部作品的诞生，需要天时、地利、人和。写完《战争与和平》之后，托尔斯泰暂停了长篇创作，直到1870年，他才又一次萌生写长篇的想法。

一天，他的大儿子谢尔盖给塔吉扬娜姑妈读普希金的《别尔金小说集》，年迈的塔吉扬娜姑妈很快就入睡了。阅读停止了，书放在了房间的窗台上，第二天早上，托尔斯泰无意中翻开了那本书，只见上面写道：

"客人们纷纷来到别墅里。"他自然而然地想到了自己正在构思的小说，于是他走下楼来到工作室，迫不及待地展开了本子。他在上面写下："奥博朗斯基家里一切都乱了套。"

后来，当人们谈起小说一开始构思的时候，托尔斯泰对普希金的才华赞不绝口。他认为，普希金简单的一句话就能唤起一些事情，不用多余的描写，就能把读者引入书中的生活和情节。

他连夜写出了《安娜·卡列尼娜》的第一篇手稿，但是他没有继续写下去，这本书的情节和人物太多，他觉得自己还没有构思清楚。

此外，在这个时候，他还构思着另外一部小说，这本小说描写的是彼得大帝时期的事情，他想通过描写彼得大帝时期的历史来阐明废除农奴制之后，俄国社会所面临的变化。

后来，这部小说的构思越来越成熟了，托尔斯泰个人对彼得大帝的认识也走向客观。他承认彼得大帝完成了"一件伟大必要的事业"。他开辟了通往欧洲文明的道路，是他改变了俄国。出于一个作家特有的敏感，他决定写出这个帝王的另一面。

整整一年的时间，托尔斯泰都在搜集彼得大帝时期的资料。他几次动笔，但是完成的都是一些不成形的草稿。

于是，他开始把精力投入到另外一本小说中，就是《安娜·卡列尼娜》。毕竟，早在1870年，他就认真地构思过了，并且留有草稿。

有时候，写作就是这么一件有意思的事情。一开始心心念念创作的小说其实未必适合作者，而作家往往是一群不能够硬着头皮做事的人。他们在两个构思只能选择其一的时候，往往是矛盾的。托尔斯泰也是这样，外人看来，他这个决定有些荒唐和仓促，毕竟彼得大帝时期的那本小说让他呕心沥血。

可是，决定一旦做了出来，作家就顾不得挣扎了。毕竟，两本书在头脑中激烈地打仗，那本胜利的书就到了非写不可的程度。而这样出现在脑海中的小说，通常都会成功的。

《安娜·卡列尼娜》是托尔斯泰继《战争与和平》之后写作的第二部长篇，也是他的代表作，这本书的主要故事框架是这样的：

19世纪俄罗斯的上流社会里，高层首长卡列宁之妻安娜艳冠群芳，在火车上她邂逅了风流倜傥的伯爵渥伦斯基。渥伦斯基的热情唤醒了安娜沉睡已久的爱情，二人产生了真爱，在当时社会强大的舆论压力下，不顾一切地私奔，他们的爱情悲剧就此展开。

虽然安娜勇敢地告诉自己的丈夫一切实情，希望能离婚，但看重社会地位的卡列宁，难以忍受夺妻的耻辱，以安娜最心爱的儿子做威胁，拒绝和安娜离婚并逼她放弃儿子。

此刻，安娜已离家与渥伦斯基同居，怀了他的孩子，却不幸流产，得了后遗症，又对酒与药物有了依赖性，经过重重困难波折后，安娜的精神压力变得非常大。后来，渥伦斯基承受不了社会压力开始对她表示冷淡，安娜付出了失去家庭、儿子和社会地位的高昂代价，而现在所谓真挚、自由的爱情也开始要被遗弃，她内心无法获得满足和平衡。

最后安娜身着一袭黑天鹅绒长裙，在火车站的铁轨前，让呼啸而过的火车结束了自己无望的爱情和生命，这段为道德和世间所不容的婚外情最后的结果由安娜独自承担，留下了无限感伤。

现实生活中，小说的原型也有迹可循。

1872年1月，托尔斯泰的近邻比比科夫的情妇安娜·皮罗果娃因为嫉妒比比科夫同家庭教师的关系，跳到火车下面自杀。托尔斯泰当时目睹此事，这给他留下了深刻的印象。

而小说中安娜的外貌，则是参照普希金的女儿玛丽亚。他们在一次舞会上相遇，托尔斯泰邀请玛丽亚跳舞，见她仪态万千，瞬间被吸引了。之后，托尔斯泰和玛丽亚长谈，玛丽亚的花容月貌就这样被写进了小说中。

之后两个月的时间，托尔斯泰都伏案笔耕，他的灵感像是奔驰的列车，丝毫没有间断。然而，不幸的是，在后来的写作过程中，他一连遭遇了来自生活中的几次巨大的打击！

1873年春天，托尔斯泰的大女儿塔尼娅不幸夭折，同年11月，小儿子彼得夭折。

这些不幸，让他不得不间断写作。

1874年2月中旬，小说的第一部已经可以付印了。

1874年4月22日，托尔斯泰又一个儿子出生，可是这个孩子只活了10个月就得水肿死了。

1874年6月20日，塔吉扬娜姑妈去世了。在塔吉扬娜去世之前，她深情地唤起托尔斯泰父亲的名字。之后，姑妈的脸上绽开了一丝微笑就与世长辞了。姑妈终身未嫁，心中除了托尔斯泰家族什么都没有。后来，托尔斯泰写了一篇文章专门纪念塔吉扬娜姑妈：

> 所有人都爱她，她是一个道德上特别优秀的人。完全没有自私自利的心，为了我和我们一家付出了太多。这些在别人看来特别困难的事情在她却如此自然，只因为她爱我们。她的一生都被爱包围着：她爱别人，别人同样爱她，并愿意为她做任何事情。我前半生的大部分时间和她一同度过，所有重要的事情她都参与其中。现在，当面对她的死亡的时候，我茫然失措，不知道将来该怎样生活下去。

接连失去了几个孩子，托尔斯泰夫人心灰意冷，一夕忽老，她不愿意再怀孕了。她感到苦闷，可是托尔斯泰这个时候正在研究哲学，并且还在写作《安娜·卡列尼娜》。

1875年整个秋天，托尔斯泰都没有写作，原因是他的夫人因为悲伤过度感染上了百日咳，接着又得了腹膜炎。接着在11月1日，他们又一个女儿去世，12月22日，佩拉格娅姑妈去世。

直到冬天，托尔斯泰才重新提笔写《安娜·卡列尼娜》。1876年，在写给斯特拉霍夫的信中说："我在忙于写《安娜·卡列尼娜》，第一部枯燥乏味，我觉得很差，我觉得第二部要好很多。"

和写《战争与和平》的时候一样，《安娜·卡列尼娜》的创作也同样严谨。托尔斯泰抱着谦虚的态度完成了这本小说的创作，有的地方他几次重写，几次修改，甚至编辑都觉得他多此一举。可是，在写作上，他就是一个彻头彻尾的完美主义者。

写给好友的信中说："请认真地看，要么对我的小说只字不提，要么只谈其中的败笔。我疑心自己的才能正在衰退，如果真是这样，也请告诉我。我们这个污浊的写作行业风气很坏，每个作家都在自己周围拉拢一帮家伙来吹捧自己。所以，他不知道自己的作用正在衰退。"

"我不想误入歧途，我请您在这方面帮助我。您不必拘束，不要以为您的严厉谴责会妨碍一个有天赋的人的活动。"

1876年9月，他坐在亚斯纳亚的书房里，等待着灵感的到来。托尔斯泰本想快点把这部小说写完，可是他觉得力不从心，意志消沉，甚至产生了绝望的感觉。

他觉得自己的才思要枯竭了，要么就是大干之前的休整，不过现在看来，这段消沉的日子是新一轮灵感爆发的准备阶段而已。

11月，他紧张地写起来，在写给妹妹的信中说："我终于认真地写《安娜·卡列尼娜》了，就是说不间断地写。"

12月中旬，小说截稿，托尔斯泰把最后几章的稿件寄了出去。

小说一经发表就产生了巨大反响，无论是在莫斯科还是在彼得堡，大街小巷都在议论着这本小说。

斯特拉霍夫来信说："关于《安娜·卡列尼娜》每一部分出版情况，议论得如此热烈，就好像报道和议论一场新的会战，或者俾斯麦的一句新的格言一样。"

《安娜·卡列尼娜》描绘了俄国从莫斯科到外省乡村广阔而丰富多彩的图景，先后描写了150多个人物，是一部社会百科全书式的作品。100多年来，《安娜·卡列尼娜》的巨大成功不断地得到人们的肯定与高度推崇，它的成就和影响无疑是空前的。

俄国革命的领导人列宁曾反复阅读过《安娜·卡列尼娜》，以致把封皮都弄得起皱了。

100多年来各国作家按自己的理解把安娜搬上舞台、银幕、荧屏。安娜的形象一直激动着不同时代、不同民族的读者，这正说明安娜形象的艺术生命力是不朽的。

就在托尔斯泰为《安娜·卡列尼娜》的成功感到欣慰的时候，他的一位老朋友——涅克拉索夫去世了。

他陷入了无限的悲痛和思念之中。

几位家人和朋友的相继去世，让托尔斯泰顿觉人世沧桑，已经年近五十的托尔斯泰一面看着成功的事业，一面思念着亡人。他清晰地感觉到了，自己的人生，已经随着笔法和作品的成熟走向了知天命之年了。

第七章　辉煌中的反思

1. 思索人生哲理

《战争与和平》《安娜·卡列尼娜》两部作品创作完毕之后，托尔斯泰停下了笔，开始思索自己的一生。一个将近50岁的人，他的人生阅历丰富，已经为人夫、为人父的托尔斯泰，开始变得沉稳，并且对于人生哲理越来越有自己独到的见解了。

1877年，在写给好友费特的信中，他说："这真是一件让我感到惊讶的发现，在我们的众多的通信中，您居然是第一次跟我提到上帝。在我还年轻的时候，我做过很多荒唐事，我想其中比较重要的一件就是对上帝的态度。直到若干年后，上帝在我心中的地位才逐渐变得重要起来。在写作中，我越来越发现，上帝已经成为我思考得最多的事情之一。我越是思考这个问题，我越是感觉到自己的渺小，越是感觉到人类的卑微。有时我想我是错的，无论在谁的面前，人，始终是最伟大的，即便是面对上帝，人也是最伟大的。我不敢肯定自己的想法，所以我要一直思考下去，直到我能得到一个确切并让自己感到满意的答案。"

于是，他开始进行探索。

在距离亚斯纳亚只有1俄里半的地方，有一条平坦的公路，这是从莫斯科通往基辅的交通要道。在这条尘土飞扬的路上，经常有去朝拜的信徒。他们通常穿着草鞋，带着一个布袋，这些人风餐露宿，还要经受疾病的折磨。

有一种信仰支撑着他们，托尔斯泰在1877年的夏天，决定加入朝拜的队伍，穿着粗布长衫，去寻找自己的信仰。

那天，天气十分炎热，他带着同行的仆人一起去往奥普季纳修道院。路上，他不允许仆人称呼他为老爷，而是直呼自己的名字。第二天，托尔斯泰在奥普季纳修道院做了4个小时的祈祷，他希望从修道院的长老阿姆弗罗西那里获得渴望已久的信仰的力量，可是他没有找到心灵里探求的东西。

成功如当时的托尔斯泰，他不可能像那些信徒一样在宗教的世界里解决自己的疑惑，于是，他开始大量地阅读哲学方面的著作。他希望可以从世界上伟大的哲学家和思想家那里探寻到人生的哲理。

经过阅读哲学著作，托尔斯泰狂热地迷恋上了寻求生活的意义这件事。在1877年12月18日写给好友斯特拉霍夫的信中说："首先，我得对您表示我最真诚的感谢，不仅感谢您推荐给我的著作，也感谢您将这些著作借给我阅读。最近一段时间，我活得如此充实，有时甚至觉得这是我一生中活得最充实的一段时间。如果有人问我在这个世界上最有意思的两件事是什么，我可以非常明确地告诉他，第一件事是写作，第二件事是阅读，特别是阅读有思想的人写的书。哲学，从人类产生开始，就伴随着人类，总结着、指导着人类的行动。施特劳斯的著作真是太棒了。雷南也非常棒，不过比施特劳斯要差一些。我觉得另一部著作应该是我下一本要仔细研究的著作，我说出来你一定感到惊讶，那就是康德的《实践理性判断》。这是一本晦涩的书，可是，我刚接触的几页中隐藏着多少我想表述而表述不出来的思想。他是这个世界上少见的智者，有创造力，有概括的力量。我敢说，这是世界上所有第一流天才才有的才华。"

一个作家的创作活动是有周期的，尤其如托尔斯泰这样伟大的作家。一部作品的完成，往往会耗尽作家在某些方面的情愫和思想。于是，就要有一个非常纯粹的时期，让作家来阅读和思索人生。只有这样在现实生活和书籍中汲取足够的营养，才能更好地投入到创作中去。

尽管投入到了紧张的探索工作中，亚斯纳亚的生活还是沿着正常的轨道进行着。1877年12月6日，托尔斯泰的又一个儿子诞生了，取名叫作安德烈。

这时的托尔斯泰已经有6个孩子了，他们个个等待着父亲来爱，来供养。托尔斯泰变得很需要钱，为此，他开始努力地增加亚斯纳亚的收入，购买土地，发展产业。这个时期，他也增加了短篇作品的创作，好赚取更多的稿费来贴补家用。

除了日常的家庭生活和探索之外，这个时期，他再次迷恋上了打猎。常常，他会带着自己的猎狗在树林子里一转就是一整天。或者带着年龄较大的两个儿子谢尔盖和伊利亚一起去，父子三人常常打回来狐狸和兔子。

但是，不管干什么，托尔斯泰的大脑都在高速地运转着。似乎，这已经成为一种习惯了。托尔斯泰决定加入宗教，经历了长期的思想斗争，他开始吃斋、上教堂、祈祷。

长期的思考、写作和信教，让原本桀骜不驯的托尔斯泰变成了一个温顺和善的人。他的内心平静如水，为人也越来越谦逊了。

在这个世界上，他已经驻足了半个世纪，有的时候，他是主角，受万人瞩目；有的时候，他是一个旁观者，记录下来人生百态；有的时候，他非常自卑，觉得要被这个世界遗弃了。

思想上的小小波动，人生知天命之年的选择，让托尔斯泰的性格中有些冲动和不安的因素沉寂了下来。这个时候的他，很少如年少时期那么咄咄逼人了，也再不会和别人争个面红耳赤了。

先后两本长篇小说的历练，让他的笔法炉火纯青。好友和家人的死去，让他明白生活的真正意义。看的多了，疑惑也就少了。这次的思考，让他彻底变成了另一个托尔斯泰。

然而，如果你认为他变得如一些老者一样中庸，那么你就错了。他的笔调依旧犀利，他的性格依旧棱角分明。唯一明显改变的，就是他的眼神越来越深邃了。

又是春天了，亚斯纳亚的春天如期而至。万物复苏，黄色的蒲公英和紫色的花朵漫山遍野地飞舞和开放着。托尔斯泰一个人在山上踱步，和煦的阳光丝毫没有缓解他心中莫名的烦躁。他想起一个人——屠格涅夫。

已经17年了，这个最要好的朋友，是托尔斯泰心中的隐痛。经历了17年的沧海桑田，托尔斯泰越来越觉得分歧固然存在，可是他当初的做法还是过分了。

为了忏悔自己的过失，他决定主动给屠格涅夫写信。信中说：

> 每当我想起我们曾经拥有多么深厚的友情，再想到我是如此无情地亲手将这段友情画上了句号，我都深深谴责自己的愚昧无知。能有多少人拥有像我们这样的互相欣赏、彼此了解对方的友情呢？并不多。这么多年过去了，我有时会深深自责，但一种做人的羞怯感总是将我拿笔的手挪开。今天晚上，我再次想起我们之间的友情，这一次，我决定把我的心情写给您。在我们的交往过程中，我深深地冒犯了您的自尊，如果您能把这些统统忘掉，我会是多么幸福。我相信您一定也会非常幸福。

我还记得在我年少的时候，第一次看到您的作品时受到的文学上的鼓舞。那种身体里流淌着同一种血液的鼓舞，甚至是我一直能走到今天的最大力量。我也还记得您是多么赏识我，在我最初发表作品的过程中提出了多么中肯的意见，对我的期待甚至让您对我的所作所为深感失望。我想这应该是我们的友情受到挑战的最根本的原因，这就是您对我的爱。

多少年之前，我们之间由于我的原因而被迫远离。多少年之间，我甚至再也没能寻找到具有同样深度和广度的友情。当我写作《战争与和平》和《安娜·卡列尼娜》的时候，我心中总是隐隐约约有一个不切实际的想法：如果您能认真阅读我的作品，将是我最大的荣幸。我当然知道只是一种妄想，但妄想有时候也能变成现实。最近，我常常想，我年轻时做过那么多的错事，是否能在现在挽回。如果能挽回，在众多的错事中，我第一个想要挽回的是我们之间深厚的友情。我唯一想说的是：幸福应该是人和人之间因为爱、尊重和欣赏建立起来的关系。我们曾经建立过那种关系，现在，我将试着重新和您建立那种关系。如果我能成功，我会感到无比幸福。

接到托尔斯泰的信，屠格涅夫十分感动，他当即写了回信说："收到你的来信我热泪盈眶，同您一样，这么多年来，我也不停回想我们之间发生的一切。我们都有错，我们都应该放下那些错误。但您比我有勇气和智慧，很感谢您能首先伸出友谊之手，我还有什么理由拒绝呢！敌意早已经失去，现在剩下的只是对您的思念，盼望着早一点和您见面的日子。"

这年8月初,屠格涅夫就从国外回来,专程来到亚斯纳亚拜访这位阔别了17年的老朋友。老朋友的光临让托尔斯泰一家十分兴奋,这个时候的屠格涅夫已经到了花甲之年了,但是他思维敏捷,口若悬河。他风趣幽默的谈吐让所有人为之倾倒。

托尔斯泰和屠格涅夫一起在林间散步,一起畅谈这些年的经历,仿佛有着说不完的话。

或许,上帝让人孤单地来到这个世上,就是为了让人彼此弥补这样的孤单。托尔斯泰和屠格涅夫仿佛没有经历过这17年的隔阂,他们谈笑风生,一起说着自己的作品。

两个人的性格磊落,人品贵重,有着自己的观点和坚持。17年前的绝交是必然,17年后的和好如初却是彼此的需要。这两个人的关系,本身就是一本极其耐读的书。

屠格涅夫走后,托尔斯泰又陷入了沉思中,就连他的妻子也十分费解。在索菲娅眼中,丈夫的行为变得不被人理解了。家里的孩子渐渐长大,财产也比从前多了,因为托尔斯泰在文坛上的地位,这个家庭也成了别人羡慕的家庭。

但是,托尔斯泰经常直愣愣地坐在那里,很少和人说话,他开始像卢梭那样写着自己的忏悔录。

我又一次面临着精神崩溃,我感受着巨大的迷茫。一次比一次严重,一次比一次更难摆脱的精神状况。问题归根到底仍然是所有哲人也没寻到答案的:人为什么活着?尽管无数智者为此穷尽了一生的脑力,尽管这些智者是世界上拥有最高智慧的人,居然无法得到一个圆满的答案。我该怎么活?人该怎么活?我只是不停发问,然后回答。回答以后又回到原来的生活轨迹中。我就在恶性循环中活着,见不到出路,也摆脱不掉压抑。

> 我找不到我生活的目的了,彻底找不到了。没有立足之地,没有生活下去的理由,所有的理由都是我编造出来自己欺骗自己,每当我稍微清醒时,我就清晰意识到,所有的理由都是骗人的。那么,什么理由不是骗人的?我又找不到。

托尔斯泰开始变得有些疯魔,夫人索菲娅也越来越费解。然而,他们正常的生活并没有被打扰,1879年12月20日,他们第七个儿子诞生了,取名米沙。此时,托尔斯泰已经有五个儿子两个女儿了。

在旁人看来,他的生活应有尽有。活泼健康的儿女,荣誉,财富。他才只有53岁,还有时间写出更多、更好的作品来。他为什么不写?为什么在思考中变得越来越苦闷呢?看着陌生又亲近的丈夫,索菲娅心中充满了疑惑。

1880年1月,托尔斯泰去彼得堡和亚历山德拉姑妈会面。之后,他迷上了《福音书》。

他的行为变得不寻常起来,1881年夏天,他换上了树皮鞋,带着一个随从离开了亚斯纳亚去往修道院。走之前,他留给妻子一封信:

> 亲爱的,我要离开你一段时间。我要去寻找生活的目的。我要看看在上帝的世界里,我是否能让自己平静下来。我心如火焚,最近时刻处在煎熬中,我要活下去。时时刻刻我都得这样提醒自己。为什么活下去?问题马上来了。任何回答看上去都非常完美,稍加思索就能看出破绽。生活的意义是什么?我在年轻的时候知道,我在写作

的时候知道，在结婚的时候知道。现在，却不知道了。灵魂，对我最重要的东西究竟是什么？我要去寻找答案。

妻子无可奈何，任由他去寻找他想要的答案。托尔斯泰变得越来越沉默，他写作的东西大多是宗教方面的，可以说，他进入了又一个沉寂期，也是他人生中最后一个沉寂期。

2. 夫妻关系紧张

一转眼托尔斯泰家的几个孩子都长大了。大儿子谢尔盖已经年满18岁了，大女儿塔尼娅也已经17岁了。他们到了上大学的年龄，况且，大女儿已经到了谈婚论嫁的年龄了，需要接触上流社会的人物以便寻找如意郎君。

托尔斯泰的夫人早就厌倦了乡下的生活，她从未融入这里过。如今，孩子们都长大了，无论是索菲娅还是孩子们，都需要城市。尽管托尔斯泰喜欢亚斯纳亚，但是他拗不过夫人。1881年秋天，他们在莫斯科租了一套住宅，全家迁了过去。

大儿子谢尔盖上了大学，大女儿和画家学习画画。二儿子和三儿子被送进了私立中学，几个小一点儿的孩子都是仆人带着。

初到莫斯科的一个月，托尔斯泰感到十分苦闷，他在日记中写道："有些人生活在水深火热之中，另一些人生活在纸醉金迷中。生活在奢侈中的人有什么理由过这样的生活？人民，是他们财富的来源。他们却利用一切手段从本来穷困潦倒的人民身上拿走最后一粒粮食。他们用这些钱满足自己的欲望；雇佣法官和士兵镇压人民，保护他们的生活。这就是全部。

"这是我一生中最痛苦的一个月。这些行尸走肉每天除了炫耀财富、炫耀地位还能做些什么？刚刚回到莫斯科，这里的生活糟糕透顶。他们的生活目的是什么？享受吗？从他们疲惫不堪的脸上丝毫感受不到享受的快感。这真是他们想要的生活？哎，世界就像一个大熔炉，所有的人都被放进里面，不容你选择，也不容你反抗，你需要做的只是依照惯性走下去。最好不要询问，更不要怀疑。"

他对莫斯科的印象一向不好，从来不随妻子出入上流社会。对于自家的豪华阔绰，他十分苦恼。一次，他指着一把安乐椅对妻子说："22卢布，只是一把椅子，你可知道，在乡下，这把椅子能让一个农民拥有一头牛。"

托尔斯泰把越来越多的注意力转移到了穷困的人民身上，他越来越深刻地意识到了社会的腐败和人民的水深火热。作为上流社会的一员，他感觉到了羞耻，更别提穿梭在上流社会中间了。在家庭和信仰之间，他痛苦地挣扎着。

1881年10月31日，托尔斯泰的八儿子阿列克谢诞生。

1881年年末，他走进了莫斯科的穷人聚集地——希特罗夫市场。第一次面对着穷苦不堪的城市穷人，他感到了惊讶和愤慨。以前，他觉得亚斯纳亚的农奴们很可怜。现在他终于意识到了，在城市，在灯红酒绿的背后住着更可怜的人们。

他们没有土地，没有生活来源，那种想象不到的贫穷让托尔斯泰的心深深地被震撼了。

现实让托尔斯泰惊醒，他开始深切地认识到，他夫人追求的生活已经和自己的信仰背道而驰了。

1882年2月，托尔斯泰回到了亚斯纳亚居住。

他给夫人写信道："亲爱的，我决定回乡下居住。我厌倦了莫斯科，并且我们的小儿子身体一直不好，我想乡下的空气能让他强壮起来。"

夫人回信道："如果你觉得回到乡下是你最好的选择，你就回去享受你的安静生活吧。其实，在莫斯科的这段时间，我也很少见到你，不是吗？我们的生活不知道从什么时候开始变得各行其是了。我们彼此都应该冷静一段时间，独自面对生活一段时间。"

两个人在心中的疏离和隔阂让人一目了然。后来，他写信规劝自己的妻子，他尽力地描述着亚斯纳亚的风光，写他外出散步时候的情景。风和日丽，令人陶醉。他告诉夫人，这里没有警察，没有马路，没有马车夫。他劝夫人尽早地从莫斯科回来，因为他在这里等着她。

可是，索菲娅并没有被说服，夫妻两人的关系开始走向僵持，他们无法理解和说服对方。两个人，就像是两条不相交的平行线，这让托尔斯泰很苦恼，他感到越来越孤独了。

1881年开始，托尔斯泰完全放弃了文学创作，全身心地思考着宗教和哲学方面的问题，为了探索人生的道路，他常常茶饭不思。这让远在国外的好朋友屠格涅夫非常担心。

托尔斯泰的行为让他联想到了果戈理，果戈理在写完《死魂灵》和《钦差大臣》之后，就迷恋上了宗教，此后再也没有写出任何作品。屠格涅夫害怕托尔斯泰的文学事业就此中断，于是在重病期间，他写信给好友说：

亲爱的朋友，我猜测这可能是我最后一次拿起笔给您写信了。我卧病在床，不会恢复健康了。在我的一生中，我幸运地遇见了很多伟大的人物，阅读了伟大的作品。非常幸运，我成为您的同时代人。我的朋友，回来，回到文艺创作上来。上帝如此珍惜手里的资源，他总是小心翼翼地赏赐给人类一点点才华。而你，却受到上帝的偏爱。你伟大的才华就像是火炬，点燃了我们这个时代。回来吧，朋友，所有人都在期待着你的下一部作品。

这是两个人最后一次通信，屠格涅夫已经病入膏肓了。这封感人至深的信，让托尔斯泰十分感激。

1883年9月3日，屠格涅夫与世长辞，托尔斯泰万分悲痛。一个大作家，在临死之前，牵挂着另外一位大作家。他们两个人的友情，波澜起伏，他们的才华，不分伯仲。后世怀念着他们两个人，也许，我们要感谢那个时代孕育了这两个人，否则我们看不到这样一份牵挂一生的真实友情的模样。

1884年，托尔斯泰和夫人的关系越来越紧张。他们见面的时候已经很少了，两个人从举案齐眉到互相漠视，不能说谁对谁错，只能说他们太缺少对对方的理解了。

托尔斯泰的大女儿塔尼娅已经20岁了，她虽然不是很漂亮，但是她的皮肤很好，加上她才华横溢，在社交场合颇受人们的喜欢。

托尔斯泰的夫人索菲娅越来越沉浸在社交界，她徐娘半老，风韵犹存。加上托尔斯泰夫人的头衔，到哪里都会受到人们的关注。在莫斯科的住宅里，她经常独自举办舞会，一时间春风得意，乐此不疲。

莫斯科总督多尔戈鲁科夫对这对母女十分殷勤。

索菲娅丝毫不掩饰自己的兴奋，经常带着炫耀和享受的语气给丈夫写信。托尔斯泰开始灰心了，他感觉自己的妻子变得越来越陌生。

托尔斯泰在亚斯纳亚按照自己的理想过着简单朴素的生活，他不要仆人伺候，不要厨师，亲自动手劈柴，还跟一个鞋匠学习做皮靴子。

早上，他起来吃过早餐就写作，晚上他阅读自己感兴趣的一切著作。值得一提的是，他阅读的书中也包括孔子和老子的一些书籍，并且一度对中国古代文化十分感兴趣。

托尔斯泰没有停止劝说自己的妻子，他担心自己的孩子在无所事事中长大，害怕他们以后生活不能自理，没有严肃的生活需求和深刻的兴趣爱好。

夫妻关系越来越紧张，托尔斯泰几次都想离家出走，但是他念及自己和妻子的情分以及孩子们，最后还是留下了。在一次严重的争吵过后，托尔斯泰忍无可忍了，他决心离家出走。但是走到半路上，担心怀孕的妻子又回来了。

1884年6月18日，第四个女儿亚历山德拉出生，本来托尔斯泰以为夫妻关系会好转，可是事与愿违。

夫人索菲娅拒绝给女儿喂奶，她从邻居那里雇了一个奶妈，这个奶妈有自己的孩子。托尔斯泰认为让别人撇下自己的孩子给女儿喂奶，是极其不人道的行为。

夫妻关系就这样冷淡了下来，两个人过着两种生活，家庭的温暖在一点点减少。

夫人的行为一度让托尔斯泰十分苦闷，一家人其乐融融的时候越来越少。托尔斯泰感觉到了孤独，但是他作为一个父亲，还是要尽可能维护着这个家庭的形式。这位杰出的作家，在家庭生活方面，的确有些身不由己。

3. 信仰和现实

随着托尔斯泰的声望越来越高，许多人开始追随他。这些信徒经常来家里向托尔斯泰讨教。眼看着他的崇拜者越来越多，托尔斯泰夫人却对这些人深恶痛绝，她从内心里讨厌这些人，并且非常鄙视他们。就这样，两个人越走越远，他们很难在一起朝夕相处了。

索菲娅把这些人称为"愚昧的人"。有一个叫作法伊纳曼的人，他是托尔斯泰的忠实信徒，受了托尔斯泰的感染决定在亚斯纳亚当一个普通的老百姓。托尔斯泰把这件事写信告诉莫斯科的夫人，表现了对法伊纳曼的赞赏之情，夫人回信道：

> 这些人根本不值得你羡慕，要知道，虽然他们满腔热血地想要怎样怎样，而世界上这些人根本不可能去完成好自己所说的任何一样事情。他们是在空谈，他们能做好的只是他们擅长的事情，绝不是他们自认为能做好的事情。他们这些人整天围在你的身边，你的头脑也被这些败类损害了。我们刚刚认识的时候，我对你非常崇拜，你的言行仿佛是圣人。我渐渐意识到，每个人都并不完美。在你，体现在对人的认识过于抽象，在你的头脑中只有经过总结的抽象的人，却始终没有活生生的人。

夫人的开导不仅没能让托尔斯泰信服，更加让他疏远发妻了。两个人的观点大相径庭，都没有站在对方的立场看问题，这在托尔斯泰晚年，甚至一生中都是一个遗憾。

1883年4月23日，春天的一个早晨，一场大火席卷了亚斯纳亚。当时，大火是俄国农村最可怕的灾难。村里没有消防队，也没有足够的水，火势的蔓延如闪电般迅速。

　　大火熊熊燃烧着，孩子和妇女们哭哭啼啼。人们在一片慌乱中仓皇逃跑，呼喊声和咒骂声几乎充斥了整个村子。托尔斯泰临危不乱，组织人们抢救，他让仆人从自己家里运来了大桶，自己亲自动手灭火。但是因为春天气候干燥，火就着风势很快把村庄烧得只剩下了一片废墟。

　　托尔斯泰很痛心，他对自己的夫人说："亲爱的夫人，我今天跟你说的又是我们将有分歧的一件事情，所以，我想事先求得你的宽恕。真可怜！你没看到那场面，如果看到，我相信你善良的本性也会被感染，粮食已经全部被火烧光了，初步的损失可能要超过1万卢布。这些损失甚至能毁灭好几百家庭。目前最缺少的是燕麦种子。我想让你帮我跟谢尔盖哥哥商量一件事情，麻烦他帮我开个条子，让我去皮罗戈沃庄园取一百石燕麦，至于价钱，可以按照他想要的最高价付给。"

　　然而，这正是他们的矛盾所在，对于托尔斯泰的慷慨解囊，索菲娅十分不理解。

　　又一次，在风雪交加的冬天，天气出奇地寒冷，缺少柴火的农奴们无法忍受，于是就偷偷地砍了托尔斯泰家的几棵松树。夫人索菲娅得知后非常气愤，立即向当局报告，警察逮捕了那几个农奴。

　　这件事极大地震动了托尔斯泰，他极度痛苦，辗转反侧，夜不能眠。他想，那几个农奴砍树也不过是为了取暖，妻子为什么非要让这几个可怜的农奴坐牢呢？于是他毫不留情地责备了妻子。

　　"索菲娅，我不知道我该怎么表述我现在的心情，我特别痛苦，那只是几棵无用的树，能给别人带来好处它们才有价值。你难道不知道吗，我们这样做会毁了他们的生活。你难道不知道吗，他们也有自己的家庭，也有自己的儿女要养活？"托尔斯泰气愤地说。

"几棵树？几棵树？瞧你说得多轻松，仿佛这件事只是损失几棵无用的树一样。你难道不知道这是我们的私人财产吗？你难道不知道私有财产是神圣不可侵犯的吗？既然他们触犯了法律，就该为此付出代价。如果总是纵容他们侵犯我们的私人财产，以后他们就会觉得这是理所应当。你想想后果有多严重吧。我这是在为大家做好事，你难道就一点儿都看不出来吗？"索菲娅毫不示弱。

就这样，他们的裂痕愈来愈深了。

他看不惯索菲娅的行为，一边看着农民们困苦的生活，一边是自己妻子的铺张浪费。贵族生活让他羞愧，但是为了孩子们他只能忍受着。

1887年全年，托尔斯泰都在写作《论生命与死亡》，后来改名为《论生命》。

这篇文章认为，生命的唯一意义，不在于肉体上，而是精神的生命。它说，生命的意义只在于摒弃自己肉体的个人，在于为人们服务和爱人们。

这篇文章让托尔斯泰的思想上升到了另外一个高度。他和夫人的距离被彻底地拉开了，可是徘徊在上流社会觥筹交错间的索菲娅，并没有意识到丈夫思想上的飞跃！

1888年，托尔斯泰的二儿子伊利亚结婚了，一个月之后，他们第九个儿子诞生，名叫伊万。

家庭生活在一点点改变的同时，托尔斯泰在社会上的声望不断提高。他的信徒之一，一个名叫比留科夫的人爱上了托尔斯泰的二女儿玛莎。一年之后，他向玛莎求婚。

托尔斯泰的夫人不赞成这门婚事，她觉得这个人是一个托尔斯泰主义者，同时她觉得玛莎并不爱他。托尔斯泰在这件事情上也很为难，他怕女儿因为想要照管他而孤独终老，又不知道玛莎是不是真心喜欢比留科夫。

然而，玛莎本人确实是同意这门婚事的。

托尔斯泰的影响力越来越大，这引起了当局的恐慌和不安。有些信徒已经不满足于单独实践托尔斯泰的学说，他们组织了一些托尔斯泰主义的基督教公社。

作家的影响力很快越过了国界，当时在巴黎大学就读的罗曼·罗兰来信问托尔斯泰应如何安排自己的生活。托尔斯泰亲切地回信了，然而当时的托尔斯泰不知道，他所指点的这个信徒，以后会成长为和自己比肩的大作家。

沙俄政府方面感到不安，于是他们开始阻止托尔斯泰，最后采用了两种方法：第一种是禁止他的书印刷发行；第二种是迫害他的信徒。

这对托尔斯泰的影响很大，他的《黑暗的势力》被禁止零售了，一些民间故事也停止销售了。

可是，这个时候，托尔斯泰的声望已经如日中天了，这根本不是当局能够阻止的。他的信徒遍布全欧洲，甚至在世界上也名声大噪。他们没有办法阻止托尔斯泰思想的蔓延，这不单单是因为托尔斯泰在写作上的成就，同时也因为，人民在托尔斯泰的身上看到了一种伟大的品格，那就是无私。

一个自私的政府，想要阻止一个无私的人被大家爱戴。这样的事，古往今来，就没有成功过。

作品虽然被禁止出版，但是托尔斯泰并没有中断自己的创作和思考。1888年春天，托尔斯泰在莫斯科的住宅里邀请几位客人，其中有画家列宾和著名的演员安德烈耶夫，另外还有托尔斯泰的儿子的同学，加上小提琴手拉索托。

两个青年演奏了贝多芬的奏鸣曲，托尔斯泰本人十分喜欢贝多芬的奏鸣曲，因而听得很入神。

于是大家提议，由托尔斯泰写一篇以《克莱采奏鸣曲》为题材的小说，由列宾来做插画，让安德烈耶夫演出。这个想法没有立即实现，因为不久之后安德烈耶夫就去世了。

1889年，托尔斯泰开始把写《克莱采奏鸣曲》提上日程。他写主人公同妻子的关系的时候，把他和夫人索菲娅在生活中出现的问题写入其中，这让索菲娅很不满。

这个时候，托尔斯泰对夫人的态度，在他的日记中可以明确地看见："爱情？始终，一直以来我觉得爱情应该是男人和女人之间最牢固的东西，应该会随着时间越来越增长。不过，目前的状况让我对过去的经验感到困惑。目前的情况是，除了肉体需要的性交和对生活伴侣的需要，说得简单点，就是精神和身体害怕孤独，除此之外，还有什么呢？"

性的问题被托尔斯泰经常考虑，他自己是过来人，年轻的时候曾经同性欲做斗争，甚至感觉到这种诱惑对人的可怕，可以导致人犯罪和完全堕落。

1889年11月10日，托尔斯泰开始写《弗里德里克斯的故事》，只用了两个星期他就完成了这篇中篇小说的草稿。小说中，他描写了一个人对一个农妇野兽般的情欲以及他同情欲做斗争的事情。

草稿完成之后,他很长一段时间都没有碰这个故事。这篇作品他一直瞒着自己的夫人,因为在里面,他加进去了自己当年狂恋农妇巴兹金娜的影子,他怕夫人看见了会嫉妒。

不过,晚年的托尔斯泰开始对自己的人生做了新的尝试,他不断地探索思想领域,阅读哲学和文学上的经典,广交好友。他彻底地改变了,在他的身上已经没有彼得堡那个冲动少年的影子了。

和妻子的关系,他处理得冷静和尽可能的平和,作为一个父亲,他深深地爱着自己的孩子们。了解这段时间他生活的经历后,我们不禁感叹,即使已经年迈了,托尔斯泰一直都没有停下他的步伐。

如果说在这之前,他的身份是作家和教育家,那么人生的千帆过尽之后,他已经成长为一个思想家了,其思想涉猎之广泛,让后人惊叹。从农民的生活到政治体制上的改革,从家庭生活到人性的深层次,从反映现实生活到性小说的写作,让人不得不感叹他的智慧和敏锐。

对于伟大的人,如果用心去聆听、去阅读,不禁会有这样的感叹,这个人的头脑中也许被上帝亲自植入了一个芯片,不然他的洞察力何以如此敏锐而深刻呢?

4. 完成《复活》

1887年,亚斯纳亚来了一位名叫科尼的访问者,他是司法界人士，同时也是一名优秀的作家。他和涅克拉索夫、屠格涅夫都颇有交情。并且，在工作中，他接触了大量的法律案件，经常给托尔斯泰讲述一些案例，托尔斯泰对这些事情很感兴趣。

《复活》的写作就取材于科尼给托尔斯泰讲的一个故事，科尼的一个简单故事唤起了托尔斯泰内心的一些东西。他所讲述的一个叫作罗扎莉亚的波兰妓女被控告偷了嫖客的钱。

这个时候一个青年人来找科尼，控诉监狱不让自己把信给自己的爱人，就是这个被控告的罗扎莉亚。在现实的阻碍下，罗扎莉亚没能和自己的爱人厮守就得病死了。

这个青年很自责，原来，是他当年诱惑了罗扎莉亚，然后又抛弃了她，所以导致她堕落到风尘中。

托尔斯泰认真地听了这个故事，第二天就对科尼说："昨天晚上，我仔细思考了这个故事，目前我觉得这是一个完全值得写出来的题材。有对人性的批判、反省，也有对道德的思索。我已经决定把这个故事写出来。"科尼知道当时托尔斯泰的作品已经被禁止出版了，但是他还是赞成了托尔斯泰的决定。

1888年4月，托尔斯泰对好友比留科夫说，自己非常想要写这个题材，非常需要塑造这样一个故事。在写给夫人的信中说："是一个无法言表、让我兴奋莫名的题材，可以深入挖掘的题材，我自信能写出一部出色的小说。"

终于，在1888年6月科尼回信说："我把故事献给您，因为我知道只有经过您的手能把故事写得发人深省，能完整地把故事出色地表现在小说中。我一直相信，这个故事经过您的笔，即使是最没头脑的人看了，也能从中得到启示和思考。"

托尔斯泰几次表示自己喜欢这个故事，他认为，这是一个人性、良心"复活"的故事,是一个通过非凡的努力走向"天国"的故事,也是一个揭露黑暗,指出现存制度不合理的故事。这个故事成了托尔斯泰晚年,乃至一生的点睛之笔。

根据科尼讲述的故事的雏形,托尔斯泰在内心里构思了故事的大概轮廓,也是我们今天看到的《复活》原名《科尼的故事》的梗概:

男主人公涅赫柳多夫引诱姑妈家女仆玛斯洛娃,女仆怀孕了,并被赶出家门。后来,她沦为妓女,因被指控谋财害命而受审判。

男主人公以陪审员的身份出庭,见到从前被他引诱的女人,深受良心谴责。他为她奔走申冤,并向她求婚,以赎回自己的罪过。

上诉失败后,他陪她流放西伯利亚。终于,他的行为感动了玛斯洛娃,使她重新爱他。但为了不损害他的名誉和地位,她最终没有和他结婚而同一个革命者结为伉俪。

这个故事,因为托尔斯泰倾尽才华的写作而亘古流芳,它感动了一代又一代的人,唤起了无数人内心的情思。晚年的托尔斯泰的写作,总是能够把笔端伸入人的内心和记忆最柔软的地方。他似乎有了某种特殊的能力,仿佛他的笔尖就停留在读者的心上,每一次触动都是一个传奇。

1889年,经过了缜密的构思,托尔斯泰开始了《复活》的写作。这本书前前后后写了10年,一直到1899年才截稿。

为了写这本小说,托尔斯泰做了很多社会调查。由于小说取材于一个特殊的案件,托尔斯泰三番五次地向自己的好友司法界人士达维多夫求得帮助。此外,他还亲自出席法庭会议,翻阅各种各样案件的记录。

一次,他没有经过任何人的允许来到了莫斯科的一家监狱,监狱的典狱官拒绝给他囚犯生活的材料。但是当知道来要材料的是大名鼎鼎的托尔斯泰的时候，典狱长就把托尔斯泰请到了家里，尽可能地回答了作家的问题。

后来，两个人成了好朋友，这名典狱长名字叫维诺格拉多夫。他们的友情一直保持了下去。在1899年《复活》快要截稿的时候，托尔斯泰请维诺格拉多夫看了《复活》的样稿。

维诺格拉多夫指出小说中一些细节描写上的纰漏，诸如监狱服装的错误，还有就是有了政治犯和刑事犯从来都不关在一起。这些东西，对托尔斯泰来说很重要，也让他少走了很多弯路。

托尔斯泰根据维诺格拉多夫的指正，对小说的第四稿做了很大改动。后来，托尔斯泰对朋友说："我对小说做了大改动，这都源于我对法律知识的不了解。在原来的小说中，男主角和女主角在监狱中见到政治犯的场景是作为一个主要的情节进行描述的，起到了推动故事情节的作用。经过一个朋友的指正，我才知道，原来在莫斯科，刑事犯在监狱中见到政治犯是根本不可能的事情。所以，我把这个重要的情节删除了，进行了重新的情节安排，目前正在写作过程中。"

为了真实性，托尔斯泰常常一整天都待在监狱里，并且阅读了大量的法律方面的典籍。甚至有一次，他还跟着押解犯人的队伍一直从监狱走到车站。

创作《复活》的后期，托尔斯泰的写作速度很快，原因之一是他和当时非灵教派的人有很大瓜葛。

非灵教派居住在高加索，他们安于贫穷，强调贞洁，反对任何形式的战争和政府的观点。这个教派的观点和托尔斯泰很接近，后来，他们受到了当局的迫害，许多人被流放和处死。知道了这次迫害之后，托尔斯泰十分激动，他派比留科夫前往高加索了解情况。

非灵教派受到了各方面的压力，已经没有办法在俄罗斯待下去了。他们迫切地需要钱，好让他们迁出俄罗斯。于是，托尔斯泰亲自给有钱人写信，请求获得捐助。可是，很少有人愿意提供援助。

1899年底，经过大量的删改和托尔斯泰对检查机关的最大妥协，《复活》终于被刊登在了《原野》杂志上。因为出版的仓促，托尔斯泰这个完美主义者表现得有些不甘心。他在自己的日记中写道："完成《复活》。完成了吗？写作完成了，但题材的优秀却没充分表现出来。写得不好，我甚至都没改好。"

然而，《复活》出版后，立即产生了巨大影响，被译为英语、法语、德语等多国语言。在日本，《复活》成为托尔斯泰最畅销的作品，著名的评论家斯塔索夫说：

"如果我把这部小说放置在19世纪的背景下，我想说，这是一部高尚、伟大的作品，是托尔斯泰奉献给世界的又一部杰出的作品。它全部是生活本身，从这一点上来看，它甚至高过《悲惨世界》。"

在《复活》中，作家的世界观比之从前产生了激变，抛弃了上层地主贵族阶层的传统观点，用宗法农民的眼光重新审视了各种社会现象。要知道，这不是每一个出身于上流社会的作家都能做到的。

托尔斯泰以最清醒的现实主义态度对当时的全套国家机器进行了激烈的抨击。

然而在《复活》中，托尔斯泰虽然对现实社会做了激烈的抨击，揭露了社会制度的本质，但是小说结尾，仍然把改革社会的希望寄托于基督教，又把自己的宗教观强行植入小说当中，并且几乎否定了资本主义一切国家机器的一切作用，不得不说是小说思想境界上的一个遗憾。

思想上的局限并没有阻止这本书成为一本伟大的著作，这本书是托尔斯泰晚年创作浓墨重彩的一笔。也可以说，这是他一生创作的最后一个亮点了。

在人生迟暮之年，他用了10年的光阴给世界另一个惊喜。尽管，他直到去世都没能又一次冲破思想上的阻碍，客观地认识资本主义和宗教，但是他留给我们的已经够多了。

1898年，杜霍博尔教派教徒迁居加拿大，托尔斯泰为此捐出了《复活》所得的三四万卢布的稿费。

托尔斯泰的行为让夫人很不满，她在自己的日记中写道："我的头脑和心灵都不能容忍这样的事情。他登报声明放弃版权之后，又把小说高价地卖给了《原野》。如今，他把钱捐给了一些不相干的人。看来，他爱这些人已经超过了爱自己的孩子，他把钱捐出去了，却让自己的儿孙吃黑面包！"

索菲娅对自己的丈夫产生了比不满更严重的情绪，两个人过着貌合神离的生活。晚年的托尔斯泰，因为妻子的不理解和友人的相继去世，过得非常的孤单。从《复活》的结尾我们可以看出，他的心境在一片平静中开始有了枯竭的意象。

直到今天，很难有人对他晚年痴迷于宗教给出一个完整合理的解释。不过我们应当肯定，托尔斯泰眼中的宗教，和他自己所倡导的是一样的。他需要一个平和的氛围，一个无私的世界观。

虽然他是19世纪最伟大的作家之一，不过他不是圣人，他没能看到社会前进的新方向。可是他的作品，已经让人产生了最深刻的共鸣了。人性最终"复活"了，作家也是会老去的。

第八章　人生的余晖

1. 悲天悯人的大情怀

和夫人的观点相去甚远，托尔斯泰彻底失去了改变索菲娅的信心。随着年龄的增长，他对现实社会制度的认识越来越深刻。1891年4月，托尔斯泰把自己的财产全部估价，他准备放弃自己的私有财产，二儿子伊利亚支持他的决定，并且想要自立门户。

托尔斯泰把财产分给了自己的妻子儿女，夫人索菲娅和小儿子得到了亚斯纳亚庄园。大儿子得到了祖传的一家庄园，次女玛莎遵照父亲的原则，拒绝接受任何财产。剩下的人，分到了一些钱和房屋。

托尔斯泰自己放弃了全部财产，并且把家人分剩下的财产捐给了穷困的人。同时，他拒绝叫人服侍，开始自食其力地生活。

可以说，这一举动，让托尔斯泰迈出了思想到行动上的一大步。他这种发自内心的行为是不被夫人理解的。之后，他做了一件让夫人更加愤慨的事情，放弃了最近一批写成的著作和今后所有著作的版权。

纵观托尔斯泰的一生，他也曾为了钱而写作一些东西。但是，出身富裕而且对物质生活没有过多要求的他，终究不是钱的奴隶。晚年的托尔斯泰深深意识到了，作家在写作的过程中已经得到了精神上的最大享受，那么稿费就是多余的了。

他认为，作品是为了人们的幸福而写的，他们应该是人类共同的财产。而且，从他的信仰来看，他不应该拥有这些著作的版权。

于是，他写信给在莫斯科的妻子，提出了这个问题，希望在报纸上发表自己这一声明，并且声明有两种，一种是妻子的名义，一种是自己的名义。毕竟版权是两个人共同的财产。

夫人当然不同意这个提议，回到亚斯纳亚之后，两个人大吵了一架。夫人怒不可遏，把长久以来憋在心里的话都说了出来。她指责托尔斯泰不关心家庭，不关心孩子，指责托尔斯泰把家里所有的家务、庄园的管理都压在了她一个人的身上。

她说，托尔斯泰和那些"愚蠢的人"已经要把她逼疯了，她不想再活下去了。在争吵最激烈的时候，她发疯一样地冲出屋子，准备卧轨自杀。

儿女们对父母的争吵采取不同的态度，有人同情母亲，有人支持父亲。女儿玛莎一直都是支持父亲的，她希望母亲做出让步，渴望父母和解。但是这个时候的索菲娅和托尔斯泰，已经没有感情了，他们感情的裂痕太深了。

1891年9月16日，托尔斯泰写信给报社，发表声明放弃作品所有权，托尔斯泰的夫人对于丈夫的这一决定，愤怒到了极点，他们每天都激烈地争吵，然后就开始形同陌路了。

但是，这并没有妨碍亚斯纳亚的正常生活，每天家里都是高朋满座。坐在餐桌旁就餐的人很多，他们常常一起骑马出游。在静谧的乡村，托尔斯泰从自己的好友和追随者那里获得了极大的安慰。

他们经常一起朗诵诗歌，谈古论今，甚至还出现过雕塑热。

就在大家其乐融融的时候，饥荒的消息传来了。

作家列斯科夫在写给托尔斯泰的信中说萨马拉省、梁赞省和图拉省闹了饥荒。托尔斯泰的一位朋友请求他帮助穷人。

托尔斯泰写了一篇文章叫作《论饥荒》。这篇文章被寄到了一位教授手里，并且后来发表了。

接着，托尔斯泰带着女儿玛莎和塔尼娅去了闹饥荒的地区，他的儿子列夫则去了萨马拉省。

一开始，托尔斯泰的夫人强烈反对自己的丈夫和儿女去饥荒的聚集地，当时托尔斯泰的身体已经开始虚弱了。他的胃病经常发作，对于自己的丈夫，她还是有起码的关心的。另外，她也十分担心自己的女儿，认为她们去那些偏僻的地方不是很安全。

但是后来，索菲娅也投身到了这件事情上。她给《俄罗斯新闻》写了一封信，信中大力呼吁人民救济灾民。这封信被多家报刊和杂志转载，一时引起了很大的轰动。

托尔斯泰得知夫人参加赈灾，内心很是欣慰。他和妻子的关系有了缓解的迹象。但是托尔斯泰的大部分行为和信仰，依然不被妻子理解。

不到两个星期的时间，托尔斯泰夫人就收到13000卢布，后来，她写信给丈夫，讲述了捐款中出现的打动人的场面：

"这次活动让我体会到了一种新的生活，虽然只是短暂的生活。在参加这次活动的过程中，我不仅感到精神上愉悦，我的身体情况也神奇地好转。不过，有时候，我还是会感到寂寞，因为你毕竟不在我的身边。"

可以看得出，托尔斯泰的夫人是一个富有同情心的人。她并不是那种不明白事理的妇人，对于丈夫的工作她总是尽可能地支持。可是，偏偏托尔斯泰的想法太过无私和悲天悯人了，以至于两个人之间的矛盾一发不可收拾。

嫁给托尔斯泰，索菲娅的名字和文学史就有了千丝万缕的联系，被人们记住，这是她的幸运。但是，嫁给托尔斯泰，嫁给一个心系天下、思想锐利、不满资本主义制度的男人，同样让她感受到了寻常女人感受不到的痛苦。

在托尔斯泰写的《可怕的问题》这篇文章中，他提出了一个敏感的话题："俄国的粮食问题始终被回避，它是否真的够吃到新的粮食下来的时候？"

在救灾期间，托尔斯泰结识了一些大学生和青年，他们志同道合，成了忘年交。

但是，在这期间，托尔斯泰的名誉则受到了很大的诋毁。政府怀疑托尔斯泰利用救灾扩大自己的影响力，在某官员写给沙皇的奏章中说：

"总有人想尽一切办法扩大自己的影响力，抓住一切机会扩大，甚至为了达到目的不择手段。在闹灾荒时，我意外地发现居然有这种人出现，而这个人的名声如此巨大，以至于我无法说出他的名字。"

接着《莫斯科新闻》上出现了许多污蔑托尔斯泰的文章，看了这些文章，托尔斯泰夫人很气愤。她写信告诉丈夫，同时还写信给内务大臣，指出《莫斯科新闻》的行为是在煽动革命。

流言并没有因此被遏制。托尔斯泰的信徒受到了现实中流言蜚语的影响。甚至，有人还肆意挑拨托尔斯泰和农民的关系。

事情越闹越大，就连亚历山德拉姑妈也听说了这个消息。因为亚历山德拉当时在宫廷颇有影响，她亲自对沙皇说，托尔斯泰是被诬陷的，请求沙皇不要把托尔斯泰关起来。

1893年，赈灾工作结束，托尔斯泰因为受到政府的污蔑，健康状况每况愈下。

尽管托尔斯泰的夫人也参加了赈灾，但是两个人的争吵依旧很频繁，他们经常因为鸡毛蒜皮的小事情就大吵特吵。

索菲娅讨厌托尔斯泰的信徒比留科夫，一次托尔斯泰和比留科夫、戈尔布诺去一家照相馆合影，托尔斯泰夫人得知以后，大发雷霆。接着她把自己关在了屋子里，声嘶力竭地呵斥托尔斯泰。后来，她把照片和底片全毁了才平静下来。

后来，托尔斯泰写了一篇小说叫作《主人和雇工》，事先谈好给《北方导报》发表。

索菲娅对这件事很不满，她认为托尔斯泰兼职是不可理喻。她正在主编托尔斯泰的全集，她希望丈夫可以让她出版这本书，这样她就可以赚上一笔。况且，《北方导报》的主编竟然是一个女人。

于是，索菲娅冲到了大街上，她穿着长睡衣，衣冠不整。托尔斯泰去追她，她执意不肯回家。后来，她昏倒在雪地里，才被托尔斯泰带回家。

第二天，她开始回想这一生和托尔斯泰走过的日子。她觉得自己的付出和回报根本不成正比。面对夫人如此激烈的态度，顾及往日的情分，也为了子女们，托尔斯泰做出了让步。

他同意妻子的要求，允许在全集里加进《主人和雇工》。

救灾工作中受到了诬陷，婚姻生活的不顺遂，让风烛残年的托尔斯泰失去了往日的旺盛精力。他开始喜欢静静地思考，吃的也少了。每天高兴的事情就是看着孩子们承欢膝下。

可是好景不长，自己靠妥协迎来的平静被生活一个又一个噩耗打破了。

2. 直面现实

1895年2月，对于托尔斯泰一家来说，是灰色的一个月。儿子伊万病死了！这对托尔斯泰夫妇来说，是晴天霹雳。

伊万是家里最小的儿子，他才只有7岁。乖巧的他，是父母的开心果。每次，父母之间发生争吵，他总是跑去给妈妈擦眼泪。

虽然他还是不谙世事的孩子，但是他懂得爸爸说的话。一次，他看着亚斯纳亚的田地说："爸爸，这一切都是大家的，是吗？"

伊万的夭折，对于托尔斯泰来说是一个极大的打击。加上年龄已经大了，如此沉重的打击让托尔斯泰精神恍惚。儿子夭折有些日子，他似乎还能听见他悦耳的笑声和清脆的说话声。

丧子之痛，让托尔斯泰一夕忽老，他驼背了。从后面看上去，已经俨然是一个老者了。

儿子的夭折让托尔斯泰夫妇的关系得到了缓和，托尔斯泰在写给亚历山德拉姑妈的信中说：

> 有些人，他在你身边的时候你并不会感觉到他的重要性；还有另一些人，即使他时刻出现在你的身边，你也能随时随地感受到他对你的重要性。伊万，我最亲爱的儿子，我甚至一直认为，他是我所有的孩子中最像我的一

个。从最初，就能从身上看出某些特质的一个。他来到世界上，是为了向我证明，世界是美好的。可是，他无情地将所有的一切美好都带走了。上帝，我无法理解他的全部想法，他既然把孩子赐予我，为何不让他成为我的全部？

索菲娅和我从未如此相爱，仿佛在瞬间感受到生与死的间隔，体会到爱的重要性。

托尔斯泰没有像以前那样回到亚斯纳亚，而是留在莫斯科陪自己的妻子。他拼命地写作，用工作来麻痹自己的心，好缓解痛苦。

这期间，他写了很多东西，主要是修改《复活》，还有一些短篇的文艺作品。

因为失去了伊万，夫妻两个都感觉需要着彼此。托尔斯泰暂时打消了离家出走的念头，但是生活在和上流社会接触频繁的环境中，又让他觉得无限的痛苦。

1895年冬天开始，托尔斯泰夫人的身上出现了微妙的变化。她开始热衷于打扮，突然对音乐有了浓厚的兴趣。并且，她越来越频繁地接触音乐家，整天和一个叫作塔涅耶夫的钢琴家在一起。

现实生活让托尔斯泰十分苦恼，1897年2月1日，在写给妻子的信中，他说："我想，你一定记得，你跟我说过，你是不会去看排练的。可是，你对你说过的话又一次食言了。我真的搞不明白，到底是什么重要的排练，甚至能比你的丈夫和你说过的话还要重要？今天，我相当不开心。"

索菲娅也很清楚自己身上发生的变化，对于托尔斯泰的话她觉得羞愧和无地自容。但是，等到那个钢琴家又来找她的时候，她还是忍不住和他出去。托尔斯泰十分讨厌这个钢琴家，认为他是一个无耻透顶的人。

索菲娅自己在日记中写道:"上帝让男人和女人来到这个世界上,然后让他们产生爱情生活在一起。这一切的前期准备,难道就是为了让两个人在剩余的日子里互相折磨,彼此仇恨?有多少次,我再也无法忍受,我想做出改变。可是,我无能为力。"

1897年2月6日,托尔斯泰获悉,他的两个最亲密的朋友切尔特科夫和比留科夫被流放了。切尔特科夫被流放到了国外,比留科夫被流放到了库尔良茨克省。

这一切对于托尔斯泰来说是一个沉重的打击,也是政府对他本人的一个警告。但是为了朋友们,他还是仗义执言了,没有顾及个人的安危。

就在这个时候,家里不平静了,他的两个女儿玛莎和塔尼娅的婚事让托尔斯泰十分头疼。

托尔斯泰的一生,存活有8个孩子,5个儿子,3个女儿。这些孩子之中,托尔斯泰最喜欢的就是女儿们。同时,女儿们在他的写作生涯中,尤其是晚年的生活中也起到了很大的作用。

在托尔斯泰晚年的生活中,他的3个女儿一直都非常支持他,甚至在他和夫人闹僵的时候都是站在父亲这一边的。她们是晚年托尔斯泰孤寂生活的好朋友,作为一个父亲,在自己老了的时候,多么希望女儿们能够找到疼惜她们的人。然而,现实却不是托尔斯泰希望的那样。

玛莎是一个瘦弱的女孩,一双深凹的眼睛,和父亲一样宽阔的额头。她像是一个丑小鸭,她很少接触雍容华贵的母亲,也许是因为自卑,她也很少参加舞会和打扮自己。

在玛莎的心里，父亲是一个值得崇拜的人。她总是倾听着父亲的话并把它们牢记在心中，渐渐的，她成了父亲最亲密的朋友。她似乎总是站在父亲的身边，静静地给他倒茶，或者拿着一本书。晚年托尔斯泰的许多手稿，都是由玛莎和塔尼娅誊写的。

她放弃了属于自己的私有财产，睡在硬板床上，丝毫没有贵族小姐的做派。她长期吃素，性格寡淡，只是爱好打网球。

玛莎爱上托尔斯泰外甥女的儿子，科利亚。科利亚比玛莎还要小，托尔斯泰并不喜欢他。科利亚是一个游手好闲的青年，在大学的法律系毕业之后，他就不再学习了，而是肆意地挥霍着自己的财产。

托尔斯泰和夫人都不赞成这门婚事，但是女儿玛莎的坚持，让他们只好听之任之。

1897年，玛莎和科利亚举行了婚礼。

家里人对他们的婚姻不是很满意，两个人却死死地坚持着。女儿的出嫁让托尔斯泰很孤单，但是他只好默默地忍受着。

塔尼娅爱上了一个已经有6个孩子的有妇之夫，苏霍京。他的大儿子已经将近20岁了，而且苏霍京还是人们口中的好色之徒。

塔尼娅貌美如花，是托尔斯泰最漂亮的女儿。全家人都不喜欢苏霍京，托尔斯泰知道这件事的时候说："如果说在一生中有唯一的一件事我能阻止，就是这件事了。我陷入了深深的绝望之中。"

不过，塔尼娅还是嫁给了刚刚死了夫人的苏霍京。

托尔斯泰的另一个女儿亚历山德拉在书中写道："结婚是因为爱情，不过，当你的爱情选择错误的对象时，又会怎样？是听从命运的安排，还是奋起反抗？当爱情，世界上最神秘的东西来临时，你别无选择。姐姐的婚礼让我第一次感受到世界的可悲。爸爸妈妈竭力忍住眼泪，全家人都在悄悄地哭泣。并不只是姐姐出嫁了，更大的原因是姐姐嫁给的人。"

两个能够理解他的女儿全都出嫁了，托尔斯泰感受到了前所未有的孤单。也就是在这个时候，托尔斯泰夫人对塔涅耶夫的态度让托尔斯泰强烈的不满。1897年，他们仍然没有收敛。

就这样，她和塔涅耶夫这种不正常的关系发展着，而且就在两个女儿出嫁后，托尔斯泰感觉无限孤单的时候。更加过分的是，她还要求托尔斯泰把所有著作的版权交给她，她经常对托尔斯泰说："我的一生，全部为你做了牺牲。我牺牲了自己的青春年华为你生儿育女。我荒废了时间，为你誊写稿件，浪费了我音乐和文学的才华。"

他们之间已经没有爱情了，托尔斯泰反感自己的妻子。他希望她迷途知返，但是他的心彻底地凉了。

好在这个时候，小女儿萨莎——也就是亚历山德拉——长大了，她像两个姐姐一样崇拜着父亲，这让托尔斯泰十分欣慰。

有时候，托尔斯泰会和小女儿谈谈写作，一次，他告诉萨莎："我的孩子，你有写点什么的想法吗？写作并不神秘，可也不简单。首先，你要做一个细心观察生活的人。然后，写，要不停地写，只有在写的过程中，你才能发现自己的才华究竟体现在哪些方面。"

在托尔斯泰的影响下，小女儿萨莎的文学造诣也很高。

一次，美国经济学家亨利的儿子来亚斯纳亚拜访托尔斯泰。小亨利的父亲是著名的经济学家，托尔斯泰十分崇拜他的父亲。

"托尔斯泰伯爵，我父亲在世的时候，只有几个人是他非常佩服的，其中您是他最佩服的一个。"小亨利说，他热切地注视着这个老人。

"您父亲在经济学研究方面也取得了辉煌的成就，我对他也非常佩服。"托尔斯泰说。

尽管和老亨利从未谋面，但是托尔斯泰从青年时期就很崇拜这个经济学家。他对小亨利说："我将不久于人世，如果将来见到你的父亲，你想让我告诉你父亲什么话吗？"

"请告诉他，他的儿子正在继承父亲的事业。"小亨利答道。

小亨利的话，让托尔斯泰心生悲凉。这句话，深深地刺痛了托尔斯泰的心。小亨利继承着父亲的事业，可是自己的事业，却没有儿子来继承。两个儿子都离婚了，其中有一个还负债累累。

自己的儿子们只会请求他的帮助，导致他们的父母无休止地争吵，自己的事业，却没有一个人来继承。尽管女儿们很理解父亲，可是她们出嫁了，而且才华和精力都是那么的有限。

托尔斯泰不愿意再想下去了，面对着现实的残忍，他只能耗尽自己最后一点儿精力来承受着。毕竟，他是那样的坚强和勇敢。夕阳落下了，小亨利告辞了，托尔斯泰坐在夕阳下，思考着自己的一生……

3. 晚年生活的苦与乐

经历了一连串的打击，忍受着对现实生活的不满。托尔斯泰沉浸在忧伤中的时候，历史却发生了巨变。俄国发生了重大变化，列宁为首的俄国共产党登上了历史的舞台。一个崭新的俄国诞生了，进步人士期待的新生活终于来到了。

作家契诃夫是这场巨变的拥护者，他怀着激动的心情在《樱桃园》中号召"向旧生活告别""新生活万岁"。同时，出身底层的高尔基写作了自己的政治抒情诗《海燕之歌》。关心祖国和人民命运的托尔斯泰也敏感地意识到了，高尔基笔下提到的暴风雨来临是不可避免的。俄国，要发生巨变了。而他，和高尔基成了好朋友。

高尔基比托尔斯泰小了整整40岁，他们一个已经快要走完自己生活的道路了，一个却刚刚开始自己的生活。在世纪之交的时刻，他们一见如故。

1900年初，高尔基来托尔斯泰家拜访，两个人在莫斯科见面。从小就开始阅读托尔斯泰作品的高尔基，一直把托尔斯泰作为榜样，现在他终于有机会和自己心目中的大作家相见了！

托尔斯泰和夫人索菲娅热情地招待了高尔基，在友好的交谈中，高尔基发现，托尔斯泰早就开始关注自己的作品了。并且，托尔斯泰还询问了高尔基的生活和学习情况。

临别的时候，他们合影留念。

"我想，您的平民出身可能会给您置身作家之中带来困难，不过不要怕，只要说出您的心里话就可以。"托尔斯泰对高尔基说。

秋天，高尔基再次来拜访，这次他们见面的地点是亚斯纳亚。在阴雨连绵的秋日，他们在花园中散步。年迈的托尔斯泰兴致很高，他们时而会停下脚步欣赏乡村秋景。

高尔基写信给好友契诃夫说："托尔斯泰，是多么伟大的巨人，他是我们这个时代俄罗斯最伟大的人物。我有时候会惊讶地发觉，我居然和这样一位伟大的人物生活在同一个时代，同一个国家。我感到无比幸运。"

高尔基认为托尔斯泰是一位杰出的语言学家，十分崇拜他的创作天才。但是对他的关于不以暴力对抗反动组织的观点，高尔基不是很同意。

但是，当高尔基在工人罢工时因为印发传单被捕的时候，托尔斯泰立即去找内务大臣，为了他四处奔走。高尔基十分感谢托尔斯泰做的努力，他说："我们俄罗斯的良心，只要这个人还活着，俄罗斯的良心就永远存在。如果哪一天他不幸去世了，我也将变成一个无依无靠的孤儿，甚至整个俄罗斯也将如此。"

同样崇拜托尔斯泰的还有著名作家契诃夫，他认识托尔斯泰比较早，同样，托尔斯泰也很欣赏契诃夫。托尔斯泰在克里米亚养病的时候，高尔基和契诃夫经常去看望他。

看着契诃夫散步的身影，托尔斯泰说："谦虚是他身上体现出的最重要的品质。他写出了如此美妙的作品，多么精彩的人物、构思和对话，却依然如此谦虚。另一点不得不提到的是对生活的态度，应该叫热情。只有对世界充满爱的人才能如此热爱生活和生命。"契诃夫的许多作品托尔斯泰都读过，其中他的《宝贝儿》甚至令托尔斯泰读的时候落泪了，他为书中的描写拍案叫绝。

从契诃夫的角度来说，托尔斯泰是一位非常权威的导师。他说："我幸运地生活在拥有托尔斯泰的时代，他的存在既引领着我们献身于文学事业，同时也减轻我们身上的重负，让我们能在轻松的氛围中进行自己的摸索和工作。语言可能会陈旧，但是他将永远年轻。因为他一向把'诚实'作为择友的重要标准。"

契诃夫为人正直，托尔斯泰看到他的时候就像是看到了年轻时候的自己。不过作为无产阶级拥护者的契诃夫，同样不赞成托尔斯泰的"不以暴力抗恶"的思想，以及他的禁欲主义。

三个人的友谊成了一段佳话，让后人看到了，真正的文学家的友谊，无关于地位和年龄，只在于灵魂上的沟通。

1901年春天，托尔斯泰的身体敲响了警钟，他患上了疟疾。接着，心脏也出了毛病，他患上了心绞痛和心律不齐。

沙皇政府为了维护自己的统治，在革命形势一片大好的同时，仍在进行垂死的挣扎，社会变得越来越黑暗。当局对托尔斯泰进行了迫害，这更加重了托尔斯泰的病情。

1901年7月23日，托尔斯泰写了一份遗嘱。遗嘱中，有很多他思想方面极其有价值的观点。他要求死后把自己葬在最便宜的公墓中，或者把自己用一口便宜的棺材葬掉。总之，一切都要跟他毕生所追求的朴素和节俭相一致。他把自己的文稿托付给自己最信任的人：他的妻子和他的女儿。关于日记，托尔斯泰要求保留全部样貌，虽然早期的他是如此放荡，但那是他生命的重要组成部分，他想让后人看到全部的他。

在遗嘱的最后,他谈到了自己的著作,他劝告别人不要赞扬他的著作,并且如果想要研究他的著作,那就把这些都运用到实际生活中去。

7月底,托尔斯泰的病情又一次反复,医生建议他去疗养。也是在8月末的时候,托尔斯泰带着妻子和两个女儿一起去了克里米亚。

9月7日,火车抵达塞瓦斯托波尔时,当地人民为曾经这座城市的保卫者、现在伟大的作家举行了盛大的游行仪式。

接着,他们来到了雅尔塔。这里气候温暖,托尔斯泰的朋友给他准备了临时住的别墅,坐在大海边的石头上,看着一片烟波浩渺,面对衰老,托尔斯泰看得很淡然。

一次,高尔基看望他之后写下这样一段话:

"在靠近礁石的海边,我发现了他孤独、瘦小的身影,海天相接的地方,大自然如此伟岸,一个老人显得如此渺小。海水从远方涌来,他全神贯注地注视着远方,仿佛整个身体和精神已经完全融入其中。他的心和精神越过了大海、越过人类的摇篮,甚至越过天空。就在此刻,仿佛已经和整个宇宙合二为一。"

托尔斯泰老了,可是他的眼神和思想,深邃得如大海一般。他的一生,受到了无数人的膜拜和追随,而他却以一个谦虚的笑容面对这一切。或许这就是伟大的作家,就像是我们的苏东坡描写的那样"一蓑烟雨任平生"。

1902年秋天,托尔斯泰夫人要求投资5万卢布重新出版托尔斯泰的著作。她逼着托尔斯泰签字。她的理由是,如果托尔斯泰死了,那份遗嘱公布了,她就收不回本钱了。激烈的争吵过后,托尔斯泰的心脏出现了早搏，最后，托尔斯泰不得不让步，把这份遗嘱交给了妻子。

12月7日，托尔斯泰病重，他的疟疾又发作了。

1906年11月，玛莎得了急性肺炎。她更加的羸弱了，因为高烧不退，她两颊通红的。妹妹萨莎陪伴在她的床边，玛莎抓住萨莎的手说：

"妹妹，我们都知道家里的情况，尽管爸爸和妈妈如此相爱，并且共同生活了这么多年。但为了财产，妈妈会逼死爸爸的。"

萨莎眼含热泪，知道姐姐马上就不行了，她叫来了父亲，托尔斯泰紧握着玛莎的手，痛苦到全身颤抖。

玛莎就这样走了，在亚斯纳亚那个阴沉沉的冬天里，托尔斯泰无力承受这样的剧痛，他变得更加苍老了。

玛莎走后，被安葬在托尔斯泰家的公墓里。村子里的人都在为这个善良的姑娘祈祷，托尔斯泰常常在玛莎的房间里一坐就是一天。他实在是太想女儿了，他不能没有这个女儿。

对于年迈的父亲来说，没有什么能比这更痛苦的了。托尔斯泰在自己的日记中写道：

> 死亡，我在我的小说中无数次表达过的话题。如今，离我如此之近，以至于我能不时听到它的喘息。它离我越近，我越是感觉异样的放松。我不再感到死亡的可怕，更多的时候我感觉到，它是和生命紧密相联，是生命的延续。

4. 与世长辞

1906年5月，托尔斯泰的夫人因为一件小事告发了当地的农民，托尔斯泰觉得忍无可忍了，他想要离家出走。但是，就在这个时候，她的夫人被诊断为患了子宫纤维瘤。索菲娅感觉自己生命垂危，于是请求托尔斯泰的宽恕。

托尔斯泰只得放弃离家出走，看着变得和蔼可亲的夫人，他的心情稍微宽慰了一点。可是，好景不长，夫人康复后，更是变本加厉。

1907年，为了赢得富农的支持，沙皇专制政府推行土地私有制。托尔斯泰写信给当局建议放弃这一政策，但是他的请求被拒绝了，政府的回信直接说："政府和个人站在不同的角度来看待问题，政府看待问题从全体民众的角度，这件事情是为全俄罗斯人民造福。"

1908年，托尔斯泰再次写信，这一次，他更加详细地阐明了自己的观点和态度。一个80岁高龄的老人，他还在心系国家。这是很难得的，然而，夕阳无限好，只是近黄昏。他终究还是有心无力了。

托尔斯泰晚年，声名远播，远在美国的发明家爱迪生，特地把自己最新的发明——录音机，寄给了托尔斯泰。托尔斯泰给爱迪生回了感谢信，他们之间通信也很频繁。托尔斯泰欣赏爱迪生，认为他的发明仅仅是为了人民的生活，而没有任何军事目的。

8月，就是托尔斯泰的80岁寿辰了，彼得堡成立了他80岁寿辰庆典的筹备委员会。出席大会的全都是一些有声望的作家，这让托尔斯泰很苦恼。他认为，这样办生日宴会，和他的信仰不符。

于是，他委托一位朋友，说明了自己的意愿，请求取消一系列的活动。委员会停止了活动，托尔斯泰为此还发了公告。

1908年8月28日，托尔斯泰的生日在平静中度过。尽管他本人和政府都不赞成举行庆祝活动，可是爱戴他的人还是以自己的形式祝福着这位老人。这一天，他收到了500多封电报和无数的贺卡、祝词。

切尔特科夫的朋友赖特带来了有几百人签名的贺信，其中包括哈代、萧伯纳。

俄罗斯文学爱好者协会、期刊活动家协会都发来贺词，美术爱好者协会还寄来了油画和纪念画册。托尔斯泰如平日一样，早晨工作，然后接见了他的客人们。之后，他亲自在报上发了公开信谢谢所有记得他生日的朋友。

就在托尔斯泰想要在平静之中度过余生的时候，他的夫人变得越来越神经质。随便一件小事，她都会顾影自怜，大大发作。

1909年托尔斯泰受邀参加在斯德哥尔摩举行的世界和平大会，当时托尔斯泰的身体状况尚佳，他想要去参加这次大会，并且，他希望能够靠自己的影响力说出属于他的和平宣言。可是他的夫人为此大哭，阻止他去参加大会，托尔斯泰只好放弃这次旅行。

接着，她又要起诉出版托尔斯泰著作的出版商。索菲娅说："你只知道坚持你的原则，原则真的比家人更加重要吗？再这样下去，全家人只能去要饭，你却把著作放弃了，这就是你的原则？"对于这件事，托尔斯泰坚决不同意，她没有意识到，她在消耗着自己丈夫的耐心。

在托尔斯泰写给切尔特科夫的信中说："我过得相当痛苦，无法言喻的不幸福。有时候甚至觉得，死亡对我来说比现在的生活要幸福得多。"

托尔斯泰被夫人弄得疲惫不堪，他决定去切尔特科夫家里去看看，在那里他写下了一份遗嘱，写明他放弃1881年以前所有著作的版权。

1909年，托尔斯泰的夫人已经精神错乱，越闹越凶。她坚决要求把托尔斯泰的日记从切尔特科夫那里要回来。

7月14日，托尔斯泰给夫人写了一封长信，信中说："亲爱的，请允许我说出我对你的想法。我们之间的分歧是精神上的分歧。在娶你之前，我是一个在性方面很堕落的人。不过，自从我们结婚，无论从身体还是精神方面，我取得了进步。我想把功劳归因于你，是你的出现拯救了我。不幸的是，虽然我过去爱你，现在也爱着你，我们依然无法摆脱精神上的不一致，你的内心中始终没有产生坚定的信仰，始终对上流社会留恋。矛盾无法调和，不过我依然爱你，始终如一。"

夫妻关系越来越僵，三儿子列夫和六儿子安德烈都站在妈妈一边，列夫甚至指责父亲不可怜自己的妈妈。

作家柯罗连科来访，看见了托尔斯泰家里的情况，对他的小女儿说："我终于知道托尔斯泰先生为什么痛苦，站在我的角度，我想不出任何解决的办法。从前，我听说托尔斯泰先生是一位不容别人辩驳的人，现在看来他是如此宽容的一个人。"

10月，托尔斯泰实在不愿意在家里待下去了，他决定出走。月底，他和小女儿讨论出走的路线。一天晚上，托尔斯泰已经上床睡觉，他听见夫人在自己的书房里翻东西。他想到她可能是在找自己的遗嘱。这让托尔斯泰忍无可忍。

这样，他出走的想法就越来越坚定了，他给夫人写了一封信，然后唤醒小女儿萨莎和自己的医生，请他们打点行装。

终于准备妥当了，托尔斯泰义无反顾地走了。早上，索菲娅起来询问丈夫去哪里了，小女儿告诉她，父亲已经出走了，但是留下了一封信。

信的主要内容是表达自己出走的决心和永别的不舍。

读完信后，泪流满面的托尔斯泰夫人喊道："他走了，我留在这里还有什么意思，我要去投河。"

后来，夫人写了一封让人感动的信给托尔斯泰，信中说："亲爱的，回来吧。你的离开终于让我知道了我是多么需要你、爱你，相比如此的依恋，其他的都已经算不得什么。我将要抛弃一切奢侈，只要你能陪在我的身边。回来吧，我始终在家里等你。"

而这时的托尔斯泰一直颠簸在路上，他晚上8点到达了奥普季纳修道院旅馆。在那里住了一宿，托尔斯泰口授了自己最后一篇论文《有效的手段》。

然后他们乘坐马车来到了沙莫尔金诺女修道院，在那里他碰见了自己的外甥女丽莎，她们很同情托尔斯泰的遭遇，在那里托尔斯泰终于获得了片刻的宁静。10月30日晚上，女儿萨莎赶来，带来了妈妈、哥哥还有姐姐的信。得知夫人企图自杀，托尔斯泰难过得流下了眼泪。

但是他没有别的选择,对宁静生活的渴望战胜了一切。考虑到家人可能会追来,他决定离开这里,去南方。路上,他写给夫人一封信:"亲爱的,看过你的信,并且感受到你的痛苦以后,我反复问自己,我是否应该马上回家?过去几十年的经验告诉我,这只是我们的又一次妥协,为再一次的冲突做酝酿而已。所以,我很快放弃了这个想法。我爱你,可我现在还不能回去。亲爱的,请你保重。"

在南下的车厢里,有人认出了托尔斯泰,工作人员对托尔斯泰照顾备至,还特意送来了燕窝粥,赶走了那些好奇的人,让托尔斯泰好好休息。

凌晨3点多,因为旅途的劳顿,托尔斯泰开始发烧,体温越来越高,托尔斯泰决定下车。他们所在的地点是阿斯塔波沃车站,当地没有旅馆,于是他们被站长邀请到自己家里居住。

在候车室,人们向托尔斯泰致敬,车站的医生给他打了强心针。之后,托尔斯泰昏迷过去了。

再次醒来的时候,托尔斯泰清楚自己大限将至。11月2日晚上,托尔斯泰出现了咯血的症状,他被诊断为肺炎。

第二天,夫人带着儿子们赶来。在托尔斯泰清醒的时候,他和谢尔盖还有塔尼娅单独谈了谈。他担心自己去世之后人们会把夫人想得很坏,他自责地说:"这都是我的过错,我应该把事情处理得更好,我不该用激烈的方式处理我们之间的关系。"

11月4日,托尔斯泰昏迷不醒了,他失去了知觉。开始说胡话,看见有人进来,他就呼喊道:"玛莎!玛莎!"可是这个时候,女儿玛莎已经去世3年多了。傍晚,托尔斯泰的病情继续恶化。他只能靠吸氧来维持生命了。

直到11月7日，托尔斯泰才允许夫人进来探望，索菲娅怀着愧疚和丈夫告别。而她得到的回答，却是托尔斯泰的长叹。

1910年11月7日凌晨6点5分，时间永远地定格在了那里，托尔斯泰停止了呼吸。夫人和孩子们流下了眼泪，许多人失声痛哭，然而对于这位老人来说，他真的获得了他所希望的安详了。

9日凌晨，民众自发组织了送葬，他们不顾政府的阻挠，为自己心目中的大师祷告。

托尔斯泰被埋葬在了扎卡兹峡谷旁边那个传说中有着小绿棒的地方。按照托尔斯泰的遗嘱，他没有出版过的著作出版了。家人把土地变卖了，分给了农民，他的版权，永远地属于人民。

托尔斯泰的一生，辉煌而伟大。他没有留下什么财产，一生淡泊名利。他留下的，是一处文学的宝藏，人格的宝藏。无论什么时候，无论怀着怎样的心态去阅读他，人们的内心都会有新的东西。

他是"俄国文学的镜子"，他的一生，本身就是一本书，本身就是一个传奇。今天，我们瞻仰他，已经超越了瞻仰某个功成名就的人，以及来自灵魂深处的深深信仰。

直到今天，我们仿佛依旧可以透过他的作品，窥视到他深邃敏锐的眼神。隔着时间，隔着空间，隔着时代，我们抚摸着他的文字。感谢这位天才吧！他走进了无数人的内心和性灵深处。

1920年，萨莎回到了亚斯纳亚，悲伤的托尔斯泰夫人彻底衰老了，她神态木然，后来得了肺炎。在她去世的那天，她呼唤着丈夫的名字，然后安详地去世了。

附 录

列夫·托尔斯泰生平

列夫·托尔斯泰于1828年9月9日（俄历8月28日）生于图拉省晓金区。母亲玛利亚·尼古拉耶夫娜是尼·谢·沃尔孔斯基公爵的女儿。托尔斯泰一岁半丧母，9岁丧父，由姑妈将他抚养长大。

1844年考入喀山大学东方语言系，攻读土耳其、阿拉伯语，准备当外交官。因为考试不及格和自身的懒惰，他最后只能转到法学系。

大学期间，他不专心学业，迷恋社交生活，同时却对哲学，尤其是道德哲学产生兴趣，喜爱卢梭的学说及其为人，并广泛阅读文学作品。在大学时代，他已注意到平民出身的同学的优越性。1847年4月退学，回到亚斯纳亚·波利亚纳。

1851年4月底，因为大哥尼古拉的劝说，准备去高加索服役。自愿参加袭击山民的战役，后作为"四等炮兵下士"在高加索部队中服役两年半，服役期间，表现优异。

1854年3月，托尔斯泰加入多瑙河部队。克里木战争开始后，自愿调赴塞瓦斯托波尔，曾在最危险的第四棱堡任炮兵连长，并参加这个城市的最后防御战。

在各次战役中，看到平民出身的军官和士兵的英勇精神和优秀品质，加强了他对普通人民的同情和对农奴制的批判态度。

托尔斯泰在高加索时开始创作，在《现代人》杂志上陆续发表《童年》《少年》和《塞瓦斯托波尔故事》等小说，引起了很大反响。

1855年11月他从塞瓦斯托波尔来到彼得堡，作为知名的新作家受到屠格涅夫和涅克拉索夫等人的欢迎，并逐渐结识了冈察洛夫、费特、奥斯特洛夫斯基、德鲁日宁、安年科夫、鲍特金等作家和批评家。

1860年因长兄尼古拉逝世，更加深了悲观情绪。1859年至1862年间几乎中辍创作，先后在亚斯纳亚·波利亚纳和附近农村为农奴子弟办了20多所学校，并曾研究俄国和西欧的教育制度。

1860年至1861年到德国、法国、意大利、英国和比利时等国考察各国学校。后又创办《亚斯纳亚·波利亚纳》等教育杂志。

1862年，34岁的托尔斯泰与年仅17岁的索菲娅·别尔斯结婚，妻子是沙皇御医的女儿，两人的教育、观念、文化水平差距甚大，他们前后生育有13个孩子。

从1863年起他以6年时间写成巨著《战争与和平》。1866年他出席军事法庭为士兵希布宁辩护。

1884年由其信徒和友人弗·切尔特科夫等创办媒介出版社，以印行接近托尔斯泰学说的书籍；1891年给《俄国新闻》和《新时代》编辑部写信，声明放弃1891年后自己写的作品的版权。

1891年至1893年和1898年，先后组织赈济梁赞省和图拉省受灾农民的活动；他还努力维护受官方教会迫害的莫洛康教徒和杜霍博尔教徒，并在1898年决定将《复活》的全部稿费资助杜霍博尔教徒移居加拿大。

1904年撰文反对日俄战争。他同情革命者，也曾对革命的到来表示欢迎，却不了解并回避1905年革命。而在革命失败后，他又反对沙皇政府残酷杀害革命者，写出《我不能沉默》一文。

托尔斯泰在世界观激变后,于1882年和1884年曾一再想离家出走。这种意图在他80至90年代的创作中颇多反映。

1910年10月28日托尔斯泰从亚斯纳亚·波利亚纳秘密出走。在途中患肺炎,11月20日(俄历11月7日)在阿斯塔波沃车站逝世。遵照他的遗言,遗体安葬在亚斯纳亚·波利亚纳的森林中。坟上没有竖立墓碑和十字架。

列夫·托尔斯泰年表

1828年8月28日，托尔斯泰诞生于亚斯纳亚·波利亚纳。

1930年2月7日，托尔斯泰母亲玛利亚·尼古拉耶夫娜去世。

1836年秋，全家从亚斯纳亚·波利亚纳迁往莫斯科。

1837年6月21日，托尔斯泰的父亲尼古拉·伊里奇去世。

1841年8月30日，托尔斯泰兄弟们的监护人、姑母亚历山德拉·伊里伊尼奇娜·奥斯滕-萨肯去世；9月托尔斯泰兄弟们迁往喀山，住在新监护人、姑母佩拉格娅·伊里尼奇娜·尤什科娃家里。

1844年9月20日，托尔斯泰考入喀山大学东方语言文学系，攻读土耳其-阿拉伯语文专业。

1845年9月13日，托尔斯泰转入喀山大学法学系学习。

1846年秋，托尔斯泰兄弟迁入自己的寓所。

1847年4月，托尔斯泰离开喀山大学，回亚斯纳亚·波利亚纳。

1847年初夏，兄弟姐妹分家。托尔斯泰分得亚斯纳亚·波利亚纳。企图改善农民的状况，失败。

1848年10月，开始在人生道路上彷徨，徘徊于莫斯科、彼得堡、亚斯纳亚·波利亚纳之间。

1851年4月，随长兄尼古拉去高加索。7月以自愿兵身份参军。

1852年1月，正式入伍，成为炮兵下士。6月中篇小说《童年》脱稿，发表于《现代人》杂志1852年第9期。9月开始创作《一个俄国地主的故事》。12月短篇小说《袭击》脱稿，发表于《现代人》

杂志1853年第3期。

1853年1—3月，参加讨伐车臣人的作战行动。8月开始写短篇小说《逃亡者》。9月完成短篇小说《一个台球记分员札记》，发表于《现代人》杂志1855年第1期。

1854年1月，擢升为准尉。离开高加索，去多瑙河部队。3—11月在多瑙河部队。4月27日《少年》脱稿。11月7日到达塞瓦斯托波尔。

1855年3—4月，写《十二月的塞瓦斯托波尔》。4—5月在塞瓦斯托波尔第四棱堡参加战斗。6月短篇小说《伐林》脱稿，发表于《现代人》杂志1855年第9期。6—7月写《五月的塞瓦斯托波尔》。11月初离开塞瓦斯托波尔。11月19日到达彼得堡。

1856年5月17日，离开彼得堡。在彼得堡期间结识了屠格涅夫、涅克拉索夫、鲍特金、费特、巴纳耶夫等许多名家。结识终生不渝的亲密朋友、堂姑亚历山德拉·安德烈耶夫娜·托尔斯泰娅。

12月，《一八五五年八月的塞瓦斯托波尔》脱稿。

1856年1月22日，三哥米佳（德米特里）病逝于奥廖尔。

1—2月，写短篇小说《暴风雪》。

3—4月，写《两个骠骑兵》，发表于《现代人》杂志1856年第5期。

5月16日，获准休假（回农村假期3个月，出国假期8个月）。翌日即离开彼得堡回亚斯纳亚·波利亚纳。

6月，同庄园农奴商讨解放农奴方案，未被农奴接受。

6—12月，同瓦列里娅·阿尔谢尼耶娃小姐谈恋爱。

9月24日，中篇小说《青年》脱稿，发表于《现代人》杂志1857年第1期。第一本短篇小说集出版。

11—12月，写短篇小说《被贬为列兵的人》，发表于《读者文库》1856年第12期。修改《一个地主的故事》，改名为《一个地主的早晨》，交《祖国纪事》发表。

11月26日，以炮兵中尉衔退伍。

1857年1月29日，第一次出国游历。

7月6日，短篇小说《卢塞恩》脱稿，发表于《现代人》杂志1857年第9期。

8月8日，从国外返回亚斯纳亚·波利亚纳。

1858年1月，短篇小说《三死》脱稿。

4月，短篇小说《阿尔别特》脱稿。

1859年1月28日，根据康阿克萨科夫的提议，被推选为俄罗斯语文爱好者协会会员。

1—4月，写中篇小说《家庭幸福》。

11月，开始在亚斯纳亚·波利亚纳为农奴子女创办学校。

1860年7月2日，第二次出国游历。

9月20日，长兄尼古拉病逝于法国基厄尔。

11—12月，动笔写长篇小说《十二月党人》。

1861年3月，在伦敦结识赫尔岑。

3月，游历比利时和波兰访问蒲鲁东和莱莱韦尔。开始写短篇小说《波利库什卡》。

4月13日，从国外回到彼得堡。

5月，就任图拉省克拉皮文县第四区调解人。

5月27日，在诗人费特庄园里同屠格涅夫发生口角，绝交。

1862年2月，《亚斯纳亚·波利亚纳》创刊号出版。

5月26日，获准辞去调解人职务。

7月6日，杜尔诺夫宪兵上校带人搜查亚斯纳亚·波利亚纳。

9月23日，同索菲娅·安德烈耶夫娜·别尔斯结婚。

1863—1869年，创作《1805战争与和平》（后改名《战争与和平》）。

1863年2月，中篇小说《哥萨克》在《俄罗斯导报》第1期发表。

3月，中篇小说《波利库什卡》在《俄罗斯导报》第2期发表。

6月27日，长子谢尔盖诞生。

1864年2月，携喜剧剧本《一个受传染的家庭》来莫斯科，希望在小剧院上演，未成功。奥斯特洛夫斯基对剧本持否定态度。

6月4日，长女塔尼娅诞生。

1865年2月，长篇小说《1805年》第一至二十八章在《俄罗斯导报》第1期发表。

1866年3月，与画家巴希洛夫相识，并请画家为《1805年》作插图。

5月22日，次子伊利亚诞生。

1867年6月2日，与卡特科夫的出版社商谈《战争与和平》的出版事宜。

12月，《战争与和平》第三部出版。

1868年3月，《战争与和平》第四部出版。

1869年2月，《战争与和平》第五部出版。

6月20日，三子列夫诞生。

9月3日，为购置田产途经阿尔扎马斯，深夜在旅馆突然感到一种从未有过的忧愁和恐怖。此即所谓"阿尔扎马斯恐怖"。

12月，《战争与和平》第六部出版。

1870年2月24日，同夫人谈《安娜·卡列尼娜》构思，翌日写出第一张草稿。

1871年2月12日，次女玛莎诞生。

6—7月，在萨马拉购置田产。

1871年8月，数学家、哲学家、《曙光》杂志编辑尼·尼·斯特拉霍夫开始拜访托尔斯泰，后来成为托尔斯泰终生亲密朋友。

9月，开始编《识字课本》。

1872年3月，《高加索俘虏》脱稿，发表于《曙光》杂志1872年第2期。

6月13日，四子彼得诞生，仅活了一年零四个半月。

11月，《识字课本》出版。

1873年3月18日，开始写《安娜·卡列尼娜》。

5月16日，前后《安娜·卡列尼娜》草稿写完。

10月，修改《安娜·卡列尼娜》。

12月，当选为俄国科学院俄罗斯语言文学通讯院士。

1873—1874年，为赈济萨马拉饥民募捐。

1874年4月22日，五子尼古拉诞生，十个月后夭折。

4月，编写《农村实用语法》。

5月，《论国民教育》脱稿，发表于《祖国纪事》1874年第9期。

6月22日，表姑塔吉扬娜·亚历山大罗夫娜·叶尔戈利斯卡娅逝世。

1875年1月，《安娜·卡列尼娜》前十四章在《俄罗斯导报》第1期发表。

11月1日，三女儿瓦尔瓦拉诞生，即死。

12月22日，姑母佩拉格娅·伊里伊尼奇娜·尤什科娃逝世。

12月,《安娜·卡列尼娜》最后一部分脱稿。

1877年6—7月,修改《安娜·卡列尼娜》,准备出单行本。

12月6日,六子安德烈诞生。

1877年,开始探索人生哲理和宗教问题。探索的结果写在《忏悔录》(1879—1880)、《我的信仰是什么?》(1882—1884)、《我们究竟应该怎么办?》(1882—1886)等著作里。

1878年1月,《安娜·卡列尼娜》单行本出版。重新动笔写《十二月党人》。

4月6日,主动写信同屠格涅夫和解。开始写自传《我的生平》。

1879年12月22日,七子米沙诞生。

1880年1月,动笔写《忏悔录》。

10月7日,结识画家列宾。

1881年夏,徒步去奥普季纳修道院。

7月,去萨马拉进行马奶酒治疗。

8月,短篇小说《人靠什么活着?》脱稿。秋,全家迁居莫斯科。

10月31日,八子阿列克谢诞生。

1882年1月,参加莫斯科社会调查。

1883年1月,写《我的信仰是什么?》。

秋,结识弗·格·切尔特科夫。

1884年,秋媒介出版社成立。

6月18日,四女儿亚历山德拉(萨莎)诞生。

同年底经切尔特科夫介绍认识巴·伊·比留科夫。

1885年,写完《哥儿俩和黄金》《伊里亚斯》《放火容易熄火难》，动笔写《蜡烛》《两个老头》《傻子伊万的故事》等故事。修改中篇小说《霍尔斯托密尔》。

1886年1月18日，八子阿列克谢夭折。

2月，结识作家柯罗连科。

1886年3月，写中篇小说《伊万·伊里奇之死》；写《一个人需要很多土地吗？》等民间故事。

5月，写完故事《雇工叶梅利扬和空大鼓》。

11月，写完剧本《黑暗的势力》。开始写喜剧《教育的果实》。

1887年4月，结识作家列斯科夫。

1888年2月28日，次子伊利亚结婚。

3月31日，九子伊万诞生。

1889年4月5日，开始写中篇小说《克莱采奏鸣曲》。

11月10日，开始写中篇小说《恶魔》。

12月26日，开始写《科尼的故事》（后改名《复活》）。

1890年1月10日，《黑暗的势力》首次在俄国公演。

4月15日，《教育的果实》在图拉上演。

1891年4月，托尔斯泰把财产分给妻子儿女。

9月16日，声明放弃1886年版第12卷、1891年版第13卷以及未刊印过和今后写成的所有作品的版权。

1891年9月—1893年10月，萨马拉、梁赞、图拉三省闹饥荒，托尔斯泰为饥民募捐并领导赈灾工作。

9—10月，《论饥荒》脱稿，书报检查机关禁止发表。

1893年5月，写完《天国在您心中》（1890—1893）。

9月，结识戏剧家斯坦尼斯拉夫斯基。

1895年2月，九子伊万夭折。

修改《复活》。

3月27日，在日记里起草遗嘱。

5月，写《毫无意义的幻想》。

8月，契诃夫访问亚斯纳亚·波利亚纳。

12月，写论文《可耻》。

1896年1月，写《光在黑暗中发亮》。

1896—1904年，写《哈吉穆拉特》。

1897年1月，写《艺术论》。

6月2日，次女玛莎出嫁。

1898年春—1899年初，图拉、萨马拉、奥廖尔等省又发生饥荒。托尔斯泰呼吁赈灾并担任领导工作。

1898年—1899年末，写《复活》并以所得稿酬资助杜霍博尔派教徒移居国外。

5月，写《饥荒抑或不是饥荒》。

1899年11月14日，长女塔尼娅出嫁。

1900年1月8日，当选为俄国科学院文学部名誉院士。

1月，高尔基拜访托尔斯泰。

5月，动笔写剧本《活尸》。

1901年2月22日，东正教主教公会决定革除托尔斯泰教籍。

4月4日，写完《答复主教公会2月20—22日的决定以及我因此收到的一些来信》。

5月，初全家迁回亚斯纳亚·波利亚纳。

秋天由妻子女儿女婿等人护送到雅尔塔休养。

1902年5月25日，柯罗连科拜访托尔斯泰。

6月25日，由雅尔塔返回亚斯纳亚·波利亚纳。

1903年1月，开始写《回忆录》。

4月，谴责基什尼约夫市蹂躏犹太人暴行。

8月，写完短篇小说《舞会之后》。

1904年1月，写完《论莎士比亚及其戏剧》。

2—3月，写《清醒清醒吧！》。

3月，堂姑亚历山德拉·安德烈耶夫娜逝世。

8月，二哥谢尔盖逝世。

1906年4—6月，写《论俄国革命的意义》。

11月13日，写完短篇小说《我梦见了什么？》。

11月27日，次女玛莎病逝。

1908年1月，收到爱迪生的新奇礼物——录音机。

5—6月，写《我不能沉默！》。

8—9月，全俄各地自发庆祝托尔斯泰八十寿辰。

1909年12月，同印度圣雄甘地通信。

1910年3月，写喜剧《万恶之源》。

7月22日，签署遗嘱，放弃1881年以后发表的著作的版权。

10月28日，离家出走。

10月31日，因患肺炎，在阿斯塔波沃车站滞留。

11月7日，逝世。

11月9日，安葬于亚斯纳亚·波利亚纳。